대한민국 다문화 정책 어젠다

MULTICULTURAL POLICY AGENDA OF KOREA

대한민국 다문화 정책 어젠다

김봉구 지음

늦춰진 미래, 성숙한 공생의 다문화 정책 제안서

온스토리

2015년 『다문화 현장 이야기』를 대학 강의용으로 출간한 이후 2023년 『대한민국 다문화 정책 어젠다』를 출간합니다. 지금까지 대한민국 정부가 펼친 다문화 정책의 문제점을 살펴보고 대안을 제시하며 국정 운영에 반영되길 기대하는 마음을 담았습니다.

재외동포청, 다문화청, 이민청을 포괄하는 세계평화부 신설과 상금 20억 원의 한반도평화상 제정, 매년 15조 원 규모의 혁신적인 ODA(공적개발원조) 사업을 통한 아시아 평화경제공동체 구현, 국내 250만 외국인 주민들의 인권과 권익 향상 등을 실현하기 위해 오랜 세월 다문화 현장에서 체득한 경험을 바탕으로 더 나은 정책들과 나아갈 방향을 제시한 이 책이 성숙한 공생의 다문화 사회 정착에 일조하게 된다면 무척 기쁘고 보람찰 것입니다.

현재 국내 거주 외국인은 인구 대비 5%인 250만 명으로, 우리는 이미 다문화 사회에 살고 있습니다. 향후 외국인 500만 시대가 예상되는 만큼 인구 대비 10%가 외국인인 다문화 국가로 이행하는 중요한 시기입니다. 외교부는 750만 명의 재외동포를 위해 재외동포청을 신설했으며, 법무부는 250만 명의 국내 거주 외국인을 위해 이민청 신설을 준비하고 있습니다. 다문화 가족 100만 시대요, 이주노동자, 결혼이주여성, 유학생 등 장기체류자는 해마다 100만 명씩 한국으로 입국하고 있으며, 앞으로 그 인원은 계속 늘어날 전망입니다. 저출산 고령화 사회, 인구절벽, 지역소멸과 맞물려 행정안전부는 주민등록증이 없어도 지역 주민으로 인정하는 생활인구 개념을 도입했으며, 노동부와 법무부는 이주노동자 취업비자를 4년 10개월에서 10년까지로 연장해 영주권을 부여하는 진일보한 정책을 추진하고 있습니다.

결국 우리 사회는 다문화 사회에서 다문화 국가로 가는 준비를 하고 있습니다. 다양한 인종이 함께 살아가기 위해 20여 년간 다문화 현장에서 체득한 경험을 바탕으로 우리에게 시급한 정책 제언들을 이 책에 담았습니다. 외국인 주민 문제는 여러 부처에 산재하기 때문에 컨트롤 타워를 세우는 것이 중요하며, 현장의 다양한 의견들을 광범위하게 수렴하는 노력이 필요합니다. 부디 이 책이 모두가 윈윈하는 공생의 다문화 국가로 가는 길에 미약하나마 보탬이 되길 바랍니다.

더 이상 늦출 수 없는 다문화 정책

◆01◆

이민청 신설과 이민국가,
더디더라도 올바르게

　한동훈 법무부 장관은 2022년 5월 18일 취임사에서 1. 인권 존중, 2. 선진법치행정-이민청 설립, 3. 검찰 중립, 4. 자유민주주의와 시장경제를 언급했으며, 5월 28일 입장문을 내고 출입국 이민 정책을 인구, 노동, 치안, 인권, 국가 간 상호주의 원칙 아래 국가 대계 차원에서 체계적으로 추진하겠다고 밝혔습니다. 대통령 법무부 업무 보고와 7월 국회 업무 보고에도 이민청 신설 내용이 들어 있었습니다.

　그런데 7월 국회 법사위 등 대정부 질의에서 이민청 신설과 관련해 한 장관에게 질문을 한 국회의원은 애석하게도 한 명도 없었습니다. 한 장관은 국가 대계 차원에서 이민청 신설을 주장했는데 국회는 당리당략에 따른 정략적인 정치 공세에만 몰두하느라 이민청 신설에는 무관심으로 일관하며 그 어떤 질의도 하지 않은 점은 아쉬운 대목입니다.

이러한 현상은 세 가지 이유로 추정할 수 있습니다. 첫째로 저출산, 고령화, 인구절벽 등 한국 사회가 직면한 심각한 과제와 관련해 국가 운영에 대한 중장기적 로드맵과 대안이 전무하고, 둘째로 이민청과 이민사회에 대한 고민 또한 부족하며, 셋째로 뜨거운 감자인 이민국가 논의를 정치적 유불리로 바라보고 있기 때문입니다.

물론 윤석열 정부 대통령실에 최초로 종교다문화 비서관이 신설되었고, 한 장관이 이민청을 신설한다고 하니 이는 검사들이 주를 이루고 있는 법무부의 특성을 감안할 때 이민 문제와 관련해 기존의 보수적인 입장과는 상반되는 진일보한 일이라 평가할 만합니다.

필자도 10여 년 전부터 청와대에 다문화 특보와 세계평화부를 신설해 그 산하에 다문화청과 재외동포청으로 투 트랙을 마련할 것을 주장해 왔습니다. 현재 국내 거주 외국인은 250만 명, 해외 거주 동포는 750만 명이며, 국내 외국인은 500만 명까지 증가할 것으로 예상되는 현 상황에서 이를 총괄할 청 신설은 당연하고 합리적인 제기이며, 1천만 명의 외국인과 재외동포, 한반도와 세계 평화의 융복합 정책을 추진할 세계평화부를 설치한다면 국익에 더 큰 보탬이 된다고 판단했기 때문입니다.

이 문제는 통일부, 법무부, 이민청 신설과 여성가족부(이하 여가부) 폐지 등 복잡한 정부조직법 개편과 맞물려 있어 심도 있는 논의가 필요하지만 오히려 이번 기회에 세계평화부 신설도 논의할 여지는 충분하다고 봅니다.

한 장관이 제기한 이민청은 다문화청과 재외동포청 2개의 역할을 모두 포괄할 수도 있으며, 다문화청이나 재외동포청이 이민청 역할을 할 수도 있기에 투 트랙으로 신설하는 방안도 있습니다. 혹은 이민청 산하에 다문화국과 재외동포국을 둘 수도 있고, 법무부 외청으로 신설할 경우 장단점을 검토할 수도 있습니다. 그 외에 세계평화부를 신설하고 산하에 이민청, 다문화청, 재외동포청을 각각 설치하는 방안도 가능합니다.

필자가 2개의 청을 세계평화부 산하에 각각 신설할 것을 주장했던 이유는 첫째로 250만 국내 외국인은 외국인노동자(노동부), 유학생(교육부), 결혼이주여성(여가부), 다문화 가정 자녀(행자부/교육부), 계절 노동자(법무부/농림부) 등 다양하게 산재해 있는 부처가 다문화청으로 통합되어야 보다 효율적으로 관리할 수 있으며, 둘째로 750만 명이나 되는 해외 거주 동포 역시 재외동포청을 통해 효율적인 네트워크와 이민사회가 국익에 도움이 되는 시너지 효과를 극대화할 필요가 있기 때문입니다. 이 둘의 융복합 정책이 한반도의 평화와 통일, 이민국가와 세계시민주의에 걸맞기 때문에 세계평화부가 필요한 것입니다.

현 정부가 이민청 신설과 이민국가 준비를 올바르게 추진하기 위해서는 첫째, 국가 대계를 언급한 이상 국가적으로 중차대한 이민 문제의 국민 여론이 먼저 형성되어야 합니다. 한 예로 6세 어린이 초등학교 입학제의 경우 지금처럼 일방적으로 밀어붙이는 국정 운영은 여론의 역풍을 맞을 수 있으므로 충분한 논증과 활발한 토론을 거치는 숙의 민주주의가 조금 늦더라도 바른 방향으로 나아갈 수 있는 지름길이기 때문입니다.

둘째, 정치권은 여야를 떠나 국가 대계 차원에서 이민청 신설과 이민국가에 대한 중장기 로드맵을 마련할 책임이 있다는 점에서 충분한 연구와 활발한 토론을 주도해나갈 필요가 있습니다.

셋째, 국민과 다양한 전문가 집단이 모여 다양하고 성숙한 사회와 글로벌 스탠다드, 세계시민주의와 국익 등 폭넓은 관점을 견지해 논의한다면 얼마든지 지혜로운 방안을 도출할 수 있다고 봅니다.

한 장관의 이민청 신설은 2023년으로 넘어갔습니다. 오히려 외교부는 발 빠르게 재외동포청 신설을 통과시켰고, 여가부 다문화 업무도 복지부로 넘어갈 공산이 큽니다. 그렇게 된다면 이민청은 외국인 총괄부서의 위상을 갖추기보다는 출입국외국인정책본부가 이민청으로 확대되는 정도에 그칠 것이 분명합니다. 그만큼 법무부가 이민청 신설과 관련해 큰 그림을 그리지 못하고 있다는 반증입니다.

법무부는 현재 외국인 총괄부서로서 재외동포청까지 껴안는 고민이 부족하고, 여가부의 다문화 업무조차 가져오지 못한다면 이민청을 신설한다 해도 국가적인 시너지 효과를 내기에는 역부족으로 보입니다. 이는 그랜드 디자인이 없기 때문이며 아쉬운 대목이 아닐 수 없습니다.

이민청 신설과
세계평화부 신설의 차이점

  윤석열 정부의 이민청 신설 논평에서 웬 세계평화부 신설을 제안하는지 의아해하는 이들을 위해 나름대로 쉽고 간략하게 정리해 보았습니다. 법무부가 이민청을 신설하겠다고 하는 이유는 250만 명, 인구 대비 5%에 해당하는 국내 거주 외국인을 현재 출입국관리본부에서 감당하기에는 역부족이고, 재한외국인 주무부서는 법무부로 되어 있기에 한 단계 승격된 이민청을 외청으로 신설하겠다는 뜻으로, 이 문제는 오래전부터 제기되었으며 공감대가 형성된 사안으로서 이민청 신설은 그리 어려운 문제가 아닙니다. 다만 이민국가를 선언한다는 것은 다른 문제로, 충분한 국민 여론 형성이 필요한 부분입니다.

  그런데 필자는 왜 세계평화부를 신설해서 산하에 이민청, 다문화청, 재외동포청을 두는 것이 바람직하다고 주장할까요? 이민청은 출입국 업무를 비롯해 중장기적으로 이민국가를 향해 방향을 잡는 것이 좋으며, 다문화청은 국내 거주 250만 이주민 통합 관리 부처로 기능하고, 재외동포청은 해외 거주 750만 동포의 네트워크 구축을 향해 가는 것이 장기적으로 바람직한 정부 조직입니다. 이것을 세계평화부 산하로 묶어 융복합 정책을 펼쳐야 실효성을 거둘 수 있다고 보기 때문입니다.

그런데 외교부는 이미 발 빠르게 재외동포청을 신설했습니다. 더 쉽게 말하면 현재 한국이 이민국가가 아님에도 250만 외국인들이 이미 전 세계에서 들어와 있고, 이민국가가 된다면 그 인원은 500만 명 이상이 될 것으로 추산하고 있으며, 해외에 살고 있는 한국인도 750만 명이나 되기에 결국 우리는 전 세계에 살고 있고 전 세계인도 한국에 살고 있다는 것입니다. 즉 우리가 세계인입니다. 우리는 현재 세계인으로 살아가고 있고, 이민국가가 된다면 미래에는 더더욱 그럴 것이며, 당연히 다문화 감수성이 향상되면 모두가 세계 시민으로 살아가는 것입니다.

이렇듯 현재 이주민-해외 동포 1천만 명이나 되는 인구 대비 20%를 현 정부 조직으로는 효율적으로 관리하지도 못하고, 효과도 얻지 못하고 있으니 대안으로 세계평화부를 신설하고 그 산하에 이민청, 다문화청, 재외동포청을 설치해 국익에 도움이 되고 효과도 극대화해보자는 제안인 것입니다.

그렇다면 세계는 이해가 되는데 평화는 무슨 이야기인지 또 의문이 생길 수 있습니다. 국내 거주 외국인이나 해외 거주 동포들이나 세계 속에서 다양성을 존중받으며 평화롭게 살아가야 하고, 현 통일부를 국내에 한정하는 것이 아니라 이 1천만 명의 세계인들과 함께 한반도의 평화와 통일, 세계 평화의 가치를 실현하는 것이 장기적으로 바람직하다고 생각하는 것입니다.

국내의 통일부가 남북한의 지엽적인 문제에서 세계 평화의 큰 틀로 거대담론을 주도해나갈 때 세계가 한반도의 평화에 더 관심을 기울일 것이며, 세계 속의 한국, 한국 속의 세계가 실현될 것이기 때문입니다.

또한 중국은 중화사상, 일본의 대동아공영권, 미국의 세계 보안관이나 패권국가처럼 우리나라는 유일한 분단국이지만 세계 평화라는 국가 브랜드화로 한국을 세계에 인식시킬 필요도 있습니다. 그래서 코리아 평화상도 제정하자는 것입니다. 세계평화부가 빈곤국가나 독재국가, 분쟁 지역들에 적극적으로 개입할 수 있는 일들이 많이 있으며, 이것은 국익뿐 아니라 세계에도 크게 기여하게 됩니다. 단순하게 일례를 든다면 민간에서 추진한 모금으로 세계 몇몇 도시에 평화의 소녀상을 세운 것처럼 이 부처에서 동시다발적으로 전 세계에 소녀상을 세울 수 있으며, 새마을운동이나 K한류, 자국으로 돌아간 이주노동자, 유학생, 외국 공관들과 협력할 부분도 상당히 많습니다.

현재 이민청은 정부가 효율적인 이주민 통합 관리 차원에서 신설하는 것이라면, 세계평화부는 좀 더 장기적인 안목에서 국익에 더 큰 보탬이 되고 세계에 기여할 수 있는 일들이 더 많다는 소견입니다.

✦ 세계평화부를 활용한 국익과 세계에 보탬이 되는 다양한 비즈니스 모델들은 너무 방대하고 많아 여기서는 생략합니다.

거주외국인 지원 표준조례,
왜 잠자고 있는가?

세계인권선언기념일 71주년이었던 2018년 12월 10일에 대전외국인복지관과 충남대 법률센터가 공동으로 개최한 외국인 정책 컨퍼런스에서 김봉구 대전외국인복지관 관장이 외국인 정책 중앙부처별 방안을 발제했습니다. 위 내용을 서울에서 강의할 때 모 대학 다문화학과 교수로부터 부처별로 잘 정리해줘서 고맙다는 인사를 받기도 했습니다.

필자가 관심을 두는 바는 2007년 제정한 행정자치부(이하 행자부)의 거주외국인 지원 표준조례입니다. 2008년 여가부는 1천억 원의 예산과 함께 다문화가족지원법을 제정하고 현재 전국 230개 지자체에 다문화센터를 설치 운영 중입니다. 그러나 행자부가 먼저 조례를 만들고 12년이 지나도록 지자체에 예산을 배정하지 않고 있습니다. 행자부 담당자에 따르면 현 인천시장인 박남춘 전 행안위원이 지원

안 의원발의 도중 인천시장이 되면서 중단된 상태로 행자부도 이 일에 문제의식을 갖고 있다고 했습니다. 그러면서도 포럼에 참여하기 어렵다 하고, 행자부 자체 지원 계획이 없어 내년 총선 후 의원발의를 기대해야 한다고 하니, 대체 왜 그 자리에 있는지 묻지 않을 수 없습니다.

거주외국인 지원 표준조례는 행자부가 필요성을 인식해 만들고도 예산은 한 푼도 반영하지 않아 지자체에 떠넘기고, 지자체 역시 예산이 부족하거나 지자체장 의지에 따라 하는 데 있고 안 하는 데도 있는 상황입니다. 행자부가 예산을 세워 지자체에 배정해 이주노동자나 유학생들도 지원받을 수 있도록 해야 합니다. 이주노동자 주무부

처인 노동부나 외국인 총괄부서인 법무부도 예산을 반영할 수 있지만 손 놓고 있기는 마찬가지입니다.

외국인들이 2017년에 1조 5천억 원의 세금과 과태료, 수수료 등 2,500억 원을 납부했는데도 다문화 예산은 고작 1,500억 원으로 정부 당국과 국회, 지자체는 좀 더 신경을 써야 합니다. 신남방정책이든 신북방정책이든 국내 거주 250만 외국인을 외면한 정책은 자기모순이 아닐 수 없으며, 이들과의 윈윈전략을 수립해야 할 때입니다.

여가부가 전국 지자체에 다문화 가족들을 위한 다문화가족센터를 설치했듯이 행자부는 외국인 주민들을 위한 외국인센터를 설치해야 합니다. 왜냐하면 다문화센터는 다문화 가족 외의 이주노동자, 유학생, 난민 등 기타 외국인들은 이용할 수 없기 때문입니다. 김재선 부산대 교수 사회로 진행된 이번 컨퍼런스에 패널로 참석한 이재훈 한국법제연구원 부연구위원은 5년 반 동안 독일에서 유학을 했다고 합니다. 힘들었던 그때의 타국살이를 떠올리며 역지사지의 자세가 필요할 뿐 아니라 외국인 문제 이전에 모든 인간은 존중받아야 한다는 기본 상식이 지켜지는 건강한 사회를 만들기 위해 한국 사회의 이주민 차별과 편견이 사라져야 한다고 밝혔습니다.

류제화 변호사는 이전의 국회 보좌관 경험을 토대로 이주민 관련 입법 전략으로 강력한 지원입법 주체 세력이 필요하고, 견제 세력에 대한 대처, 우호적인 여론 형성이 필요하다고 주문했습니다.

김선기 국가인권위원회 현장인권상담위원은 250만 외국인 주민을 위한 이민청이나 외국인청 설립의 중요성에 공감하며 산재해 있는 부처별 정책들을 통합 관리할 필요성을 제기했습니다. 손종학 충남대 법률센터장은 한국 사회가 민족주의에서 벗어나 세계 시민으로 살아가야 하는 것은 진보와 보수의 진영 논리가 아닌 이미 우리 앞에 놓인 현실이라며, 모든 인간이 평등한 존재로 존중받는 사회를 향해 나가야 한다는 사실을 확인한 자리였다고 평가했습니다.

04

외국인 정책
개선방안 토론회

2019년 6월 18일 대전이주외국인무료진료소가 대전외국인복지관에서 '대전시 외국인 정책 개선방안 토론회'를 개최했습니다. 발제에 나선 김봉구 관장은 대전시 거주 외국인이 3만 명을 넘었고 해마다 10% 이상씩 증가하고 있는데도 시 당국이 2008년 거주외국인 지원 조례를 만들어 놓고도 10년이 넘도록 예산을 반영하지 않는다며 무책임한 행정을 지적했습니다. 타 지자체처럼 외국인 통합부서도 만들지 않고 이원화되어 있어 외국인 정책이 일관성이 없다며 통합부서의 필요성도 제기했습니다.

또한 다문화가족센터를 이용하지 못하는 외국인노동자의 경우 이용할 기관조차 없는 현실이라며, 거주외국인 지원 조례를 손봐서 사각지대에 놓인 외국인 주민이 없도록 해야 한다고 말했습니다. 이어 김 관장은 240만 외국인 주민이 한 해 정부에 내는 세금이 1조 5천억

원인 데 반해 다문화 예산은 10분의 1 수준인 1,500억 원이라며, 그들이 세금을 안 내는 것도 아니고 예산이 많은 것도 아닌데 역차별 논란이 있는 것은 사실을 호도하는 유언비어의 폐해가 아닐 수 없으니 정부가 사실관계를 명확히 해 사회 갈등과 외국인 혐오를 줄여나갈 책임이 있다고 주장했습니다.

게다가 100만 명의 이주노동자들은 건강보험이 의무화되어 있어 보험료는 매월 납부하는데도 장시간의 노동과 병의원 일요일 휴무로 의료 사각지대에 방치되어 민간단체가 인도적 차원에서 의료 서비스를 진행하는 비상식적인 상황이 개선되지 않는 이유는 정부의 외국인 홀대 정책에 기인하기에 정부가 이주외국인에 대한 새로운 시각을 가져야 한다는 의견을 피력했습니다.

다문화 대안공립학교도 설립해 정규 학교에서 탈락한 다문화 자녀들을 포용하고 교육 안전망을 확보해 이중언어 교육, 취창업 교육 등 경쟁력 있는 교육을 실시하는 한편 취업 욕구가 높은 결혼이주여성들을 위해서는 맞춤형 교육을 제공해 일자리를 창출하고 경제자립 정책을 추진하자는 방안도 내놓았습니다. 이와 함께 전국 다문화 축제와 지구촌 박물관, 다문화 거리 조성 등 교통의 요충지라는 강점을 최대한 살린다면 대전시도 다문화 국제도시로 나아갈 수 있다고 주장했습니다.

이번 토론회 좌장은 박재묵 대전세종연구원장이 맡았으며, 토론자로는 박성효 전 대전광역시장, 송행수 변호사, 이정순 목원대 교수, 홍종원 대전광역시의회 의원이 참여했습니다. 대전시에 거주하고 있는 3만 명의 외국인노동자, 다문화 가족, 유학생 등이 차별당하지 않고 인간의 기본권을 누릴 수 있도록 대전 시민과 이주민들이 서로 윈윈하는 외국인 정책을 수립해야 한다는 의견과 함께 이들의 다양한 민원과 권익을 위해 설치될 대전시 외국인주민통합지원센터가 행정 편의가 아닌 이주민 당사자들의 필요와 욕구를 해결하는 기관으로 기능하기 위해서는 민간과의 적극적인 협력과 소통이 필요하다는 의견도 개진했습니다.

대전이주외국인무료진료소는 2005년 1월 개소해 14년간 34개 국가 18,961명의 이주외국인들에게 40,719건의 일반진료, 한방진료, 치과진료, 물리치료와 무료투약을 실시했으며, 27개 국가 27,303명에게 31,764건의 각종 법률 상담을 제공해 고충을 해결해준 공로로 모법인인 (사)러브아시아가 2019년 5월 31일 한국의 노벨상으로 불리는 호암상 사회봉사상을 수상했습니다.

1장

2005~2022 무료진료소 진료인원 누적 현황
(34개국, 21,051명, 45,076건)

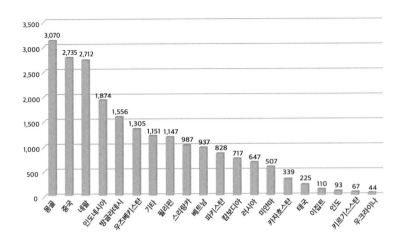

2002~2022 이주외국인 상담 누적 현황
(27개국, 36,390명, 40,289건)

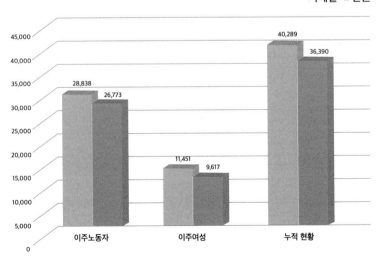

■ 사례별　■ 인원

05

진정한 극일과
진정한 복수

예수님은 왜 세리와 죄인들의 친구가 되셨나?

당시 로마제국 식민지였던 이스라엘의 반역자들은 세리들이었습니다. 로마제국의 세금을 거두며 더 착복해 본인들 부도 이룬 민족의 반역자요 매국노이며, 민중의 고혈을 짠 친일파 또한 세리들이자 죄인들인데 사람들은 왜 예수님이 저런 친일파 나쁜 놈들과 어울리느냐고 비판했습니다. 예수님 왈 "건강한 사람에게는 의사가 필요 없다. 나는 죄인을 구하러 왔지 의인을 구하러 온 게 아니다"라고 했습니다.

유대 민족과 민중의 철천지원수였던 세리장 삭개오는 "토색한 것은 네 배로 갚고 남은 재산 절반도 가난한 사람들에게 내놓겠습니다"라며 회개해 주님은 죄인을 의인으로 변화시켰습니다. 예수님이 왜 원수를 사랑하라고 하셨는지 알 수 있는 대목입니다.

한국의 철천지원수 일본을 이기는 길은 그들을 죄인으로 몰고 싸워서 복수하는 것이 아니라 주님처럼 그들을 변화시키는 것입니다. 그들의 친구가 되어주고 이야기하고 식탁을 나누고 설득해 결국 변화시키는 노력을 한 주님이 얻은 별명이 '세리와 죄인들의 친구'였다는 점은 시사하는 바가 큽니다.

최고의 복수는 용서라는 말이 있습니다. 도덕적 우위를 점한 한국은 큰 틀을 보고 세계평화부를 신설해 아시아 평화경제공동체를 구현하는 것이 옳은 극일이요, 진정한 복수임을 인식할 때 주님이 왜 원수까지 사랑하라고 하셨는지 깊이 묵상하며 답을 얻게 됩니다.

기독교와 기독교 지도자만이라도 인류 평화의 메시아 예수님의 길을 따라야 하지 않을까요?

"내가 곧 길이요 진리요 생명이다."

주님의 길에 서고 주님께 진리를 찾으며, 주님께 생명을 얻는 지혜가 필요한 시대입니다.

✦06✦

아시아 평화경제공동체를 위한
ODA 사업

한국의 공적개발원조 ODA(Official Development Assistance)는 일본의 것을 모방한 것입니다. 그러나 일본만한 위력을 발휘하지 못하고 있습니다. 일본의 ODA 규모는 우리의 다섯 배 이상이고 경제력으로 따져도 예산이 한국의 두 배 이상으로, 미국과 일본이 쌍벽을 이루고 있습니다.

지난 31차 국제개발협력위원회의 안도 일본을 벤치마킹한 것입니다. 일본은 오랜 기간 가까운 아시아 해외 원조를 통해 원활하게 원자재를 확보하면서 자연스럽게 수출 시장 또한 확보해 왔습니다. 일본을 이기기 위해서는 일본 것을 모방하는 수준을 넘어서야 합니다. 정부도 인정하고 있는 종합전략의 부족을 어떻게 극복할 것인지에 대한 묘안이 없습니다. 돈은 돈대로 쓰고 효과성은 없다는 뜻입니다.

저비용 고효율을 위해서는 해마다 16개 국가에서 25만 명씩 들어

오고 나가는 이주노동자를 활용하는 방안을 적극적으로 모색해야 합니다. 일본이 갖고 있지 못한 한국의 강점은 바로 이 이주노동자를 활용하는 것입니다. 이것이 미래 성장동력의 하나요, 일본보다 적은 ODA 예산으로도 국제개발사업에서 그들을 앞서고 아시아 국가들과 상생하는 길입니다. 이를 위해 창구 단일화를 위한 세계평화부 신설을 제안하는 것입니다.

세계평화부가 할 수 있는 일의 예시로 첫 번째 프로젝트를 제안해봅니다. 매년 국내로 유입되는 노동자, 결혼이주여성, 유학생은 약 100만 명으로 이들 아시아 20개 국가에 한국어 교육센터를 각각 5개씩 총 100개를 세우는 데 100억 원을 투자합니다. 베트남을 예로 든다면 하노이, 하이퐁, 냐짱, 다낭, 호찌민 다섯 곳에 5억 원을 투자하는 식으로 총 20개 국가에 100억 원을 투자하면 한국은 훨씬 더 많은 투자 효과를 볼 수 있습니다.

이들은 한국 입국 전에 한국어 시험을 봐야 하는데 수도를 빼고는 한국어를 가르치는 곳이 부족한 상황입니다. 한류의 핵심은 한국어로, 한국어를 배우는 아시아인들이 많아질수록 한국에 플러스 요인이 됩니다. 아시아는 45억 명이 사는 세계 최대 시장이지만 상권은 이미 일본과 중국이 장악하고 있습니다. 아시아는 지금이라도 정부와 기업들이 더 적극적으로 달려들어야 할 시장입니다. 그 교두보가 바로 한국어센터입니다.

매년 한국 입국 전 교육 → 한국 체류 → 귀국의 과정에서 이들을 한류 전도사이자 한국 제품 소비자로 만들 수 있습니다. 투자 대비 효과가 높은데도 불구하고 어느 기업도 시도할 생각을 하지 않습니다. 고작 정부가 국가당 한 곳을 운영하는 세종학당이 전부로, 이를 확대 운영하자고 제안하는 바입니다.

가까운 동남아에 가보면 온통 일본 차와 중국 제품들이 넘쳐나 여기가 일본인지 동남아인지 구분이 안 될 정도입니다. 45억 아시아는 우리와 가장 가까운 지역인데도 말입니다.

현지 한국어센터에서 시행하는 적금 사업, 협동조합 교육을 통한 일자리 창출과 선순환 경제 구축을 통한 지역경제 살리기 프로젝트가 핵심입니다. 이 사업은 10년이면 새마을운동보다 더 큰 효과를 볼 수 있어 개도국에 매우 적합합니다. 20년 후 이 사업이 성공한다면 100억 원으로 20개 개도국을 살렸다는 평가를 받을 수 있는 초대형 프로젝트입니다.

✦07✦

○○은행,
노벨 평화상 받을 수 있다!

이주노동자, 결혼이주여성, 유학생 등 장기체류자가 한국에 한 해 100만 명 이상 입국합니다. 입국 전 현지에서 입국자와 가족들의 통장과 카드를 발급하자는 제안과 함께 중점적으로 논의되는 것이 '외국인노동자 적금 사업'입니다. 한국 노동부와 MOU를 체결한 17개 국가에서 연간 1만 명씩 입국해 최장 4년 10개월을 근무하는데, 이들이 월 250만 원을 번다면 100만 원씩 3년을 납입하는 적금 사업을 전개하자는 것입니다.

각 국가 1만 명의 10%인 1천 명×17개 국가×3년(36개월)×100만 원＝6,120억 원입니다. 3년 후부터 해마다 6,120억 원의 적금이 조성되는 것입니다. 이는 17개 국가 1만 명 입국자 중 10%인 1천 명을 대상으로 계산한 것이니 인원이 늘어날수록 액수는 더 증가할 것입니다.

이는 일종의 적금 협동조합 같은 것으로, 은행은 당연히 매년 예치금으로 영업 이익이 생기고, 각 국가별로 연간 1천 명의 적금 360억 원이 쌓입니다. 이것으로 현지에서 적금조합의 다양한 사업을 추진할 수 있습니다. 예를 들어 백화점, 호텔, 리조트, 대형 농장 및 공장 등 규모 있는 사업체를 만들어 평생 일자리 창출과 소득을 통해 조합원들과 가족, 그 지역 주민들의 경제 자립을 돕고, 현지 국가경제 발전에 일익을 담당하게 합니다.

더불어 한국 기업의 해외 공헌 자금과 정부의 ODA 해외 원조 등 거버넌스를 통해 규모 있는 해외 원조 사업을 하게 되는 것으로 기존의 월드비전, 기아대책, 코이카, 선교단체 등의 제3세계 국가 우물 파주기, 염소 분양, 빵 나누기와는 차원이 다른 국가적인 빅 프로젝트입니다.

이것은 이주노동자들의 가난 극복, 현지 일자리 창출과 경제 자립을 가능하게 할 뿐 아니라 기존 기업들의 소규모 해외 원조가 아닌, 한국 정부의 해외 공조 사업의 협력을 통해 제3세계, 이주노동자, 정부, 기업이 함께 만들어가는 규모 있고 실제적인 사업입니다. 이로써 제3세계 국가의 부흥과 발전에 기여하는 세계 최초의 시도요, 모두가 윈윈하는 프로젝트가 될 것입니다.

기업은 17개 국가 현지에서 통장과 카드 발급, 적금 사업을 추진할 인력을 더 배치하고, 기독교(감리교본부)와 MOU를 체결해 적립된 사업을 총괄할 선교사를 파견하여 은행 및 현지 정부와 조합 수익 사업 등을 협력하면 3년 후부터 매년 성과를 올려 모두가 행복해지는 상생 프로젝트가 될 것이며, 주도한 은행은 차후 노벨 평화상도 충분히 받을 수 있다고 봅니다.

방글라데시의 그라민은행도 가난한 서민을 대상으로 한 무담보 소액 대출로 노벨 평화상을 받지 않았습니까. 이 프로젝트는 세계 최초로 17개 국가와 함께 하는 대형 프로젝트일 뿐 아니라 그 기대효과가 지금까지의 해외 새마을운동의 백배, 천배를 훨씬 능가하는 큰 규모이니 실제적으로 가난 극복이 가능해져 그라민은행보다 사회적 가치가 더 높기 때문에 노벨 평화상을 거론한 것입니다.

또한 매년 실제적인 가난 극복과 경제 자립, 일자리 창출 효과를 톡톡히 볼 수 있고, 협력 은행도 지속적인 수익이 발생할 뿐 아니라 새로운 글로벌 금융 마케팅 역사를 쓰게 되는 것입니다. 더욱이 이주노동자들의 납입금으로 운영하기 때문에 은행은 적은 투자로 큰 효과를 낼 수 있다는 것이 강점입니다.

이는 20년간 한국과 해외를 오가며 다양한 이주민들과의 교류를 통해 현장에서 찾아낸 모두가 원원하는 사업으로, 한국의 노벨상이라 불리는 삼성 호암상을 받은 입장에서 청와대 다문화 특보 신설 및 이민청과 재외동포청을 합친 세계평화부 신설을 주장하는 이유이기도 합니다. 멀리 보고 250만 이주외국인들 그리고 750만 해외 동포들과 협력하면 저예산으로도 충분히 한국의 국가 경쟁력을 높일 수 있는 방법이 많기 때문입니다.

(사)러브아시아는 2002년 외국인노동자 지원센터와 쉼터 설립을 시작으로 정부 지원 없이 20년간 외국인 무료진료소, 결혼이주여성센터, 다문화 어린이도서관, 다문화 레스토랑, 필리핀 코피노센터, 까

비떼 한국어교육센터, 외국인복지관을 만들어 왔고, 그 공로로 호암상, 대전MBC 한빛대상, 동아일보-여가부 다문화 공헌상, 제6회 하나외한 다문화 도움상, 복지부/외교부/여가부/행안부 장관상 등 다양한 상을 수상한 공신력 있는 단체입니다.

지금까지의 내용은 20년간 이주민들의 권익과 복지 향상을 위한 길을 걸어온 현장에서 발견한 지혜입니다. 이 제안이 대한민국과 제3세계가 공생하는 길이라는 확신과 희망으로 모두가 행복한 세상을 꿈꾸고 있습니다.

위 제안 사업은 ○○금융그룹 회장이 취임사를 통해 밝힌 것으로, 국내뿐 아니라 아시아 최고의 금융 기관으로 발돋움하겠다는 포부와 일맥상통합니다. 아시아 17개 국가와 협력해 그 꿈을 이루는 것은 물론이고, (사)러브아시아 등 민관 협력을 통해 실질적이고 규모 있는 사업으로 아시아 국가 경제 발전에도 기여함으로써 노벨 평화상도 수상할 수 있는 의미 있는 사업이 될 것입니다.

○○금융그룹, 노벨 평화상의 주인공이 될 수 있습니다!

**현지 은행에서
통장·카드 발급**

연 100만 명 입국자 + 현지 가족 = 연 200만 명 통장 발급

    1. 17개 국가 노동자 연 17만 명 입국×1인 연 2,400만 원 월급

       = 연 4,080억 원

    2. H2, F4 50만 명×연 2,400만 원 = 1조 2,000억 원

    3. 결혼이민 F6 15만 명×연 2,400만 원 = 3,600억 원

    4. 유학생 D2 20만 명×연 2,400만 원 = 4,800억 원

연 합계 = 2조 4,480억 원

**외국인노동자
적금조합**

17개 국가에서 E9 등 연 1만 명 입국자 중

    1. 10% ⇨ 17개 국가×1,000명 = 17,000명

       1인 적금×3년×100만 원 = 3,600만 원

       100명 = 36억 원, 1,000명 = 360억 원×17개 국가 = 6,120억 원 적금

    2. 17만 명×3,600만 원(3년) = 6조 1,200억 원(연 2조 400억 원)

    3. H2, F4 노동자 50만 명×연 1,200만 원 = 6조 원

2. + 3. = 8조 400억 원 + 2조 4,480억 원 = 연 10조 4,880억 원

해외 원조
매칭 펀드

＋

해외 원조
투자 협력

1개 국가 1,000명 연 360억 원
외국인노동자 적금
(10% 36억 원 매칭 지원 = 약 400억 원)
＋
은행 ＋ 외교부 ＋ 새마을운동, Koica,
월드비전, 민간 종교 구호단체 등

※ 무역협회, KOTRA,
　외교부, 노동부, 법무부 TF팀,
　현지 정부 ＋ 민간단체, 종교단체 등

※ 투자
　· 한인 해외 기업, 백화점, 호텔,
　　리조트, 골프장, 농장 등 조합 운영
　· 규모 있는 해외 ODA 사업

＝ **기대효과**

· 한국 국가 이미지 향상
· 현지 국가의 경제 부흥
· 적금 노동자 경제 자립
· 규모 있는 새마을운동
· 일자리 창출
· 수익 증대와 배분
· 노벨 평화상 수상 가능

3·1평화운동 100주년 맞아 인류평화부 신설

인류평화부 신설 제안에 기독교가 나서야

3·1운동은 대부분 교회와 미션스쿨이 주도했습니다. 외국인 선교사들이 전국에 교회와 학교들을 세워 신학문을 가르쳤고, 여기서 배출된 인사들이 민족의 지도자들로 성장했기에 자연스럽게 교회와 학교가 반일과 독립운동에 앞장서게 되었습니다. 그래서 한국은 많은 외국인 선교사들에게 빚을 졌습니다.

이 빚을 어떻게 갚고, 은혜에 어떻게 보답해야 할까요? 바로 우리도 이들처럼 가난과 독재에 신음하는 제3세계 국가들에 기여하는 것입니다. 그런데 2019년 기독교의 3·1운동 100주년 기념행사 준비를 보면 단지 기념 퍼포먼스에 머물고 있습니다. 미래형이 부족하고 제3세계에 대한 관점도 없습니다. 대통령 기념사도 3·1운동 정신을 한반도 평화로 이어가겠다는 내용이 전부입니다. 어디에도 아시아와 제3

세계에 대한 언급이 없습니다.

우리는 외국인 선교사들에게 빚을 졌습니다. 2019년 3·1평화운동 100주년은 우리나라만의 기념에서 머무는 것이 아니라 제3세계와 세계 평화를 모색하는 장이 될 때 비로소 3·1운동의 의미를 되살리는 것이요, 외국인들에게 진 빚을 다시 외국인들에게 돌려주는 길이 될 것입니다.

3·1운동은 중국 근대화의 시작인 5·4운동을 촉발했으며, 대만 등 아시아 독립운동에도 영향을 주었습니다. 인도 간디의 비폭력 저항 운동도 동년 4월 5일 시작되었고, 네루의 세계사 편력에서도 3·1운동을 높이 평가했습니다. 노벨 문학상 수상자 타고르가 동방의 등불이라 극찬한 점 등 인도에 영향을 주었다는 주장도 설득력이 있습니다. 비폭력 저항 평화운동인 3·1운동은 촛불 혁명의 원조요, 간디보다 먼저 시작한 우리의 귀중한 세계사적 역사임에도 불구하고 '평화'라는 가치를 한반도에 국한함으로써 우리 스스로 3·1운동의 의미를 축소하고 있습니다.

대한민국은 남의 나라를 한번도 침략하지 않은 평화를 사랑하는 나라이며 우리는 총칼에 평화로 맞선 민족입니다. 아시아 독립운동의 시초인 3·1평화운동, 우리의 이 평화를 세계적인 브랜드와 국가 경쟁력으로 키워나갈 필요가 있습니다.

우리 기독교는 그만큼의 역사와 명분이 있으며, 자긍심을 갖기에 충분합니다. 남북 평화통일을 위해 통일부가 있듯이 3·1운동을 계승하는 인류평화부, 세계평화부를 신설해 아직도 신음하고 있는 제3세계 국가들을 대상으로 평화 전도사 역할을 감당한다면 이는 노벨 평화상보다 더 큰 가치가 있을 것이요, 타고르의 말처럼 동방의 등불이 될 것입니다.

일본은 패망 후에도 대동아공영권을 경제적으로 실현해나가고 있습니다. 이제 우리는 인류 보편의 가치인 평화로 반일을 넘어 극일을 전 세계에 보여주어야 합니다. 그만한 저력과 국력도 충분히 있습니다. 3·1운동 100주년을 맞아 세계평화부를 신설해 우리의 국격을 한 단계 높이고, 인류 평화에 기여하는 대한민국을 설계해야 합니다.

3·1절 100주년, 세계평화부와 인류평화부 신설해야

보통은 주는 게 손해라고 생각합니다. 그러나 결국 주는 것이 기쁨이요, 남는 것입니다. 현시대에는 사실 주는 게 손해가 아니라 실질적으로 더 많이 되돌아오기 때문에 더더욱 가난과 독재에 신음하는 제3세계에 원조와 함께 우리의 민주화, 산업화를 이식해야 합니다. 그 일을 위해 인류평화부 신설이 필요합니다.

뿌리면 반드시 거두게 되는데 그 수확은 30배, 60배, 100배가 됩니다. 성서를 잘 모르는 일본이 어떻게 이 법칙을 알고 수행했는지 궁금하지만 한국 정부와 교회는 주는 것이 손해라는 근시안적인 인식을 버려야 합니다. 결국 주는 게 남는 것입니다.

일본이 패망 이후 70년간 경제로 대동아공영권을 실현하고 있는 현실이 그 사실을 증명하고 있습니다. 일본은 막대한 재원을 동아시아 해외 원조에 쏟아부었습니다. 이후 충분한 열매들을 거두고 있습니다. 한 예로, 인도네시아에 한국 차 점유율은 1%가 안 되는 반면 일본 차 점유율은 90%가 넘는데 아시아에서 이런 현실은 별반 다르지 않습니다. 이러한 일본의 원조와 수익 상황은 명백한 사실로, 충분한 근거와 지표 등 그 자료가 얼마든지 있습니다. 결국 주는 게 남는 겁니다. 따라서 국익을 위해서라도 세계평화부 신설이 필요합니다.

　신설되는 세계평화부는 여야의 초당적인 연합이 필요합니다. 외교부 해외 원조 기관들과 민주기념사업회, 5·18기념재단, 새마을운동본부, 국제구호단체, 시민사회단체, 이주민단체, 기업 사회공헌팀, 종교계 등을 망라하는 네트워크를 구성해 제3세계에 실질적이고 효과적인 ODA 사업을 펼쳐 상생하는 길로 나아가야 합니다.

　또한 한국의 민주화, 산업화, 기독교를 이식해 제3세계 국가들의 발전을 도모해야 합니다. 노벨 평화상보다 더 큰 한반도평화상–세계평화상도 제정해 평화 어젠다를 국가 브랜드로 키워 국격을 한 단계 더 높여야 합니다.

세계평화부 신설을 제안하지 못하는 이유는?

우리는 개인의 삶을 위해 태어났을 뿐 민족을 위해 태어난 것은 아닙니다. 그러나 예수 그리스도가 유대 민족만의 메시아가 아니듯이, 이집트 총리가 된 요셉이 유대 민족도 살렸듯이 한반도의 평화를 주장하는 단체들도 매우 많습니다. 하지만 세계 평화를 주장하지는 않습니다.

왜 한반도에 갇혀 있을까요? 바로 민족주의 때문입니다. 민족주의와 세계주의는 다릅니다. 민족을 우선시하기에 한반도 평화를 주장하지만 세계 평화는 민족을 뛰어넘는 범주이기에 머뭇거립니다. 이제 글로벌 시대에 맞춰 민족의 울타리를 극복해야 합니다. 지금까지 민족을 부르짖어 왔기에 쉽지 않은 일입니다. 그러나 세계화 시대, 지구촌 시대, 다문화 시대에 맞게 민족의 개념을 재정립해야 합니다. 세계주의를 수용할 때 민족도 살길이 열립니다. 민족의 장벽을 넘어 세계의 시선으로 한반도를 보는 관점을 갖추는 것이 민족을 위한 길임을 인식해야 합니다.

이것은 다문화 이해에서부터 시작됩니다. 세계평화부 설치를 진보 진영이나 정당, 학계, 민간 그 누구도 주장하지 못하는 이유입니다. 우리 사회가 다문화에 대해 적극적이지 못한 이유도 민족의 굴레에 갇혀 있기 때문입니다. 더 이상 평화를 한반도 안의 문제로 가둬두어서는 안 됩니다.

우리는 민족을 위해 태어난 것도, 민족을 위해 사는 것도 아닙니다. 민족, 인종, 종교 이념을 뛰어넘는 인권, 평화, 사랑, 생명, 인류애

등 인간의, 세계의, 성서의 보다 보편적인 가치가 우선할 때 왜 인류 평화부 신설이 중요한지를 비로소 이해할 수 있습니다.

매주 20억 세계평화상을 주는 대한민국!

노벨상이 권위 있는 이유는 오랜 역사와 전통도 중요하지만 큰 상금 때문이기도 합니다. 상금이 10억 원을 넘는 세계 최대 금액이기에 명예와 권위가 있는 것입니다. 국내에서 수여하는 상 중 최대 상금은 삼성 호암상(이병철)과 현대 아산상(정주영)이 3억 원, 포스코 청암상(박태준)과 서울평화상(노태우)이 2억 원입니다. 정부가 인류평화부를 신설해 세계평화상-한반도평화상 상금을 20억, 30억 주게 되면 노벨평화상보다 권위 있는 상이 될 것이며, 평화의 대한민국을 전 세계에 각인하는 효과는 물론 그에 따르는 부가가치 또한 엄청날 것입니다.

노벨상 상금보다 두 배 많은 20억 원을 10년간 지급하면 200억 원, 100년이면 2천억 원이 필요한데 그런 돈이 어디 있느냐고 물을지 모릅니다. 필자는 이렇게 대답하겠습니다.

첫째, MB 4대강 사업 규모가 20조 원이 넘습니다. 이 돈이면 1만 년을 줄 수 있습니다. 최순실 국정 농단 규모도 1천억 원이 넘습니다. 이것만으로도 50년은 거뜬합니다. 결론은 돈이 없는 것이 아니라 노벨상보다 더 큰 상을 만들려는 생각이 없는 것, 아니 생각을 안 하는 것입니다.

둘째, 매년 세계평화상 20억을 주지 못할 대한민국이 아닙니다. 이 돈은 매주 로또 당첨자들에게도 지급되는 액수로, 매주 20억 원 세계

평화상도 줄 수 있습니다. 참고로 2017년 국민들 푼돈으로 조성된 로또 기금이 1조 6천억 원입니다. 정부의 로또 재단 기금만으로도 천년만년 세계평화상을 줄 수 있으니 돈이 문제가 아닙니다.

평화는 인류 보편의 가치다

선조들의 숭고한 3·1평화운동 100주년을 맞아 우리 기독교 후손들이 한반도 평화와 인류 평화의 가치를 이어나가길 제안합니다. 인류평화부 신설과 세계평화상 제정으로 인류애와 세계 평화를 실천하는 자랑스러운 대한민국을 만들어 나갑시다!

기독교계가 인류평화부 신설 논의 시작해야

우선 교계에서 논의를 시작해야 합니다. 어느 정도 진행이 되면 국회 포럼, 청와대 면담, 추진위 구성 등 100주년에 과거형이 아닌 미래지향적인 성과를 발표해야 합니다. 정부에서 호의적인 반응을 보이면 정부 조직 개편 논의를 진행하게 됩니다. 우선 통일부에 평화 담당부서를 두고 서서히 인류평화부 신설을 준비할 수도 있고, 현 정부 임기 안에 설치할 수도 있으며, 차기 정부로 넘어갈 수도 있습니다.

서두를 일은 아니지만 그래도 현 정부에서 어느 정도 성과를 가져가야 합니다. 여기에 교계가 앞장서야 하는 이유는 새로운 돌파구가 필요하기 때문입니다. 오랜 기간 민주화와 평화에 헌신했던 교회가 새로운 길을 모색함으로써 변화를 통해 미래 세대를 준비해야 합니다.

인류평화부가 신설되어야 기독교계가 적극적으로 정치활동에 참여해 취약계층의 입장을 대변할 수 있으며, 더 많은 활로가 가능해집니다. 또한 WCC, CCA, 해외 교회와 선교사 등 세계적인 네트워크를 활용할 수 있으며, 제3세계에 실질적인 선교와 원조를 풍성하게 베풀 수 있습니다. 인류평화부 준비에 교계가 주도적인 역할을 하고 5개 종단과 연대함으로써 비판 세력에서 대안 세력으로 자리매김해 나갈 필요가 있습니다.

새로운 돌파구를 모색해 지경을 확대하고 일자리를 확대할 때 실제적인 에큐메니칼과 지역 연대, 세계 연대 Global(글로벌) + Local(로컬) = Glocal(글로컬)이 실현됩니다.

18 2019년 7월 15일 월요일　　　정 책　　　내일신문

인터뷰 | 김봉구 대전외국인복지관장

외국인·재외동포 담당 세계평화부 신설을

체류 외국인 조만간 500만 돌파, 다문화사회로 진입… '이민사회 논의' 본격화 해야

◆09◆

통일교만도 못한
기독교와 정부

통일교는 창시자 문선명과 부인 한학자의 이름을 딴 선학평화상을 제정하고 2018년 세 번째 수상자를 발표했습니다. 수상자에게는 노벨 평화상과 같은 100만 달러의 상금을 수여해 세계 최대 금액입니다.

한국 기독교는 한반도평화상 제정이나 세계평화부 신설을 정부에 제안도 못하고 있으며, 정부나 국회는 생각도 안 하고 있는 상황입니다. 한반도의 평화와 통일을 우물 안 개구리에서 글로벌 그랜드 전략으로 수정해야 하는데 청와대나 국회, 통일부, 외교부, 민주평통 등 관련 기관들은 제자리걸음만 하고 있습니다.

돈이 없는 것이 아니라 생각이 없는 것이 가장 큰 문제입니다. 지금이라도 노벨 평화상과 선학평화상을 벤치마킹하는 등 한반도 평화와 통일을 정치적 테마에서 좀 더 큰 세계적 관점으로 확장하는 노력이 필요합니다. 이것은 한반도 평화와 세계 평화를 연속선상에 놓는 일이며, 통일 후 세계 속의 한반도 역할과 위상까지 내다보는 안목을 가진다면 세계평화부 신설과 한반도평화상 제정의 필요성을 이해할 수 있습니다.

　기독교와 정부, 정치권은 기존 관행에서 벗어나 이처럼 좀 더 넓은 글로벌 관점을 갖추는 것이 국익에도 보탬이 된다는 사실을 인지해야 합니다.

10

한반도평화상,
상금 20억 매주 줄 수 있다

매년 10월이면 세계는 노벨상 수상자에 관심을 갖게 되는데요. 2018년 10월 24일 오늘은 6개 부문 가운데 노벨 평화상 수상자를 발표합니다.

Q1. 오늘 노벨 평화상 수상자를 발표하는데요. 언론에서는 한반도 평화 모드에 따라 문재인 대통령, 김정은 위원장, 트럼프 대통령이 거론되고 있는데 어떻습니까?

A. 네, 오늘 오후 6시 노벨 평화상 수상자를 발표하는데, 300명 이상의 후보자가 난립했다고 합니다. 그만큼 세계적으로 권위 있는 상임을 입증하고 있는 것 같습니다. 말씀하신 세 사람은 올 1월이었던 후보 마감일까지 등록되지 않아 현실적으로는 불가능할 것 같습니다. 지금 진행되고 있는 남북미 회담의 결과에 따라 내년

에는 도전해볼 만하지 않을까 싶습니다.

Q2. 얼마 전 일본인 교수가 노벨 의학상 수상자로 발표되었는데, 일본은 자주 노벨상을 수상하는 것 같습니다. 특별한 이유라도 있나요?

A. 일본은 올해도 노벨상 수상자를 배출했습니다. 벌써 26명째인데요. 전문가들은 일본 정부가 기초과학에 오랫동안 많은 지원을 한 결과로 평가하고 있습니다. 일본에는 독특한 문화가 있는데, 바로 가업을 잇는 것입니다. 전통 맛집이 많은 이유이기도 합니다. 많은 분야에서 가업을 잇는 강한 전통이 있다 보니 전문성이 축적되고, 최고의 기술을 보유하는 결과로 이어집니다. 총리 3선에 성공한 아베 신조 역시 3대째 정치 가문 출신으로 집안에 여러 명이 총리를 지냈습니다. 또한 기술이나 노동도 경시하지 않고 가업을 계승하는 자부심과 긍지의 전통이 노벨상 수상자 26명을 배출한 것이 아닐까 싶습니다.

Q3. 노벨상 수상 국가들이 궁금한데요. 어떤 나라들이 노벨상을 많이 수상했습니까?

A. 노벨상은 1901년 이래 올해 99회 수상자를 발표하게 되는데요. 1위는 미국으로 368개, 2위는 영국으로 132개, 3위는 독일로 107개였습니다. 노벨상 수상자가 한 명인 한국으로서는 참 부러운 일인데요. 노벨상 한 개를 수상한 아시아 국가들은 방글라데시, 예

멘, 베트남, 팔레스타인, 미얀마로 모두 노벨 평화상을 수상했습니다.

Q4. 노벨상을 수상한 다른 국가들도 소개해주시죠.

A. 아시아에서는 일본이 26명, 이스라엘이 12명, 중국과 인도가 각각 5명씩 수상했습니다. 이란, 터키, 파키스탄, 동티모르는 2명이 노벨상을 수상했습니다.

Q5. 노벨상에 대해 간략히 소개해 주시겠습니까? 노벨상이 왜 세계 최대의 권위 있는 상이 되었고, 과연 노벨은 누구이며, 왜 노벨상이 제정된 것인가요?

A. 노벨상이 세계 최대의 권위 있는 상이 된 이유 중 하나는 약 100년이라는 오랜 역사와 전통이 아닐까 합니다. 상금도 무려 100만 달러로 한화 약 11억 원에 달하는 거금이죠. 단순히 명예뿐 아니라 상금도 세계 최대 금액입니다. 한국의 최대 상금은 삼성 호암상의 3억 원입니다. 노벨상은 스웨덴이 해마다 6개 부문 수상자를 선정하는데요. 스웨덴 출신의 노벨은 다이너마이트를 발명한 발명가이자 사업가였습니다. 다이너마이트가 산업 분야보다 전쟁에 더 많이 쓰이는 것을 안타깝게 생각한 노벨은 인류 평화에 공헌한 사람들을 도우라는 유언을 남겼습니다. 유언에 따라 노벨 평화상은 이웃 나라 노르웨이에서, 나머지 5개 부문은 스웨덴에서 관장하며 12월에 시상식을 진행하고 있습니다.

Q6. 노벨상을 거부한 사람도 있다면서요? 이런 권위 있는 상을 누가, 왜 거부했나요?

A. 지금까지 6명이 수상을 거부했는데요. 3명은 독일인으로 히틀러가 반대했고, 한 명은 닥터 지바고를 쓴 소련의 소설가 파스테르나크로 국가가 거부했습니다. 2명은 본인이 거부했는데, 한 명은 프랑스의 철학자 사르트르로 노벨 문학상이었죠. 이유는 "누구도 살아 있는 동안 평가를 받을 자격이 없다"라고 밝혔습니다. 그는 프랑스 최고 훈장도 거부한 이력을 갖고 있습니다. 또 한 명은 베트남의 레득토로, 미국의 헨리 키신저와 함께 베트남 전쟁 종전 협정과 평화 협정을 체결한 공헌으로 노벨 평화상 공동 수상자로 선정되었는데 키신저는 수상을 했고, 그는 베트남 전쟁이 끝나지 않았다는 이유로 거부했습니다. 파리평화협정 체결 2년 후 북베트남이 월남을 침공해 적화통일을 하게 됩니다. 그 이유로 후대에 키신저의 평화상 수상 자격 문제가 거론되었고, 사르트르의 말대로 누구도 살아 있는 동안 평가를 받을 자격이 없다는 것이 어떤 의미인지 증명해준 것이 아닌가 합니다.

Q7. 한국에서 노벨상 수상자가 많이 나왔으면 하는 바람은 온 국민이 갖고 있을 것 같은데, 어떻게 해야 한다고 보십니까?

A. 이공 계열 과학/의학 쪽의 기초과학 분야에 대한 투자나 정책이 열악하다는 평가입니다. 우선 정부 차원에서 TF팀 운용을 통한 장기 플랜이 필요하고요. 한반도평화상을 제정해 노벨 평화상보

다 더 큰 상을 만들어야 한다고 봅니다. 한반도 평화뿐 아니라 세계 평화와 상생 협력하는 국가 이미지를 세계에 알려야 합니다. 특히 내년은 3·1평화운동 100주년이기에 과거를 기념하는 데 머물지 말고, 미래로 세계로 나아가는 전략이 필요합니다. 노벨 평화상 상금이 11억 원인데 한반도평화상이 20억 원을 준다면 빠른 시일 내에 한반도평화상에 대한 기대와 관심이 모여 결국 한반도 평화와 국가 이미지 향상, 나아가 세계 평화에도 기여할 수 있다고 봅니다. 매주 로또 1등 상금도 20억 원씩 여러 명을 주고 있지 않습니까. 재정이 문제가 아니라 발상의 전환이 필요한 시점입니다.

노벨상 수상자를 많이 배출할 수 있는 여건 조성과 장기 플랜 마련이 시급해 보입니다. 정부도 노벨상보다 더 큰 상을 제정하는 새로운 발상의 전환을 통해 한 단계 더 나아간 세계 속의 한국이 되도록 노력해야 할 것 같습니다.

11

다문화 TV,
정두언 전 의원과 통 큰 인터뷰

Q1. 대전이주외국인종합복지관 김봉구 관장님 나오셨습니다. 먼저 외국인복지관에 대해 간략한 소개 부탁드립니다.

A. 대전외국인복지관은 2002년 설립되어 올해로 17년을 맞았습 니다. 외국인노동자들을 인도적인 차원에서 지원하면서 무료

진료소, 이주여성센터, 다문화 어린이도서관, 다문화 식당 등 이들의 수요에 맞추다 보니 자연스럽게 여러 가지 일을 하게 되었습니다. 사업으로는 한국어 교육, 무료 진료, 법률 상담, 아동 교육, 명절 행사, 바닷가 나들이 등 다양한 서비스를 제공하고 있습니다.

Q2. 이용자도 굉장히 많을 것 같은데, 국적도 다양한 편인가요?

A. 네, 대전 지역에 3만 명의 이주민이 있는데 여기서 절반 정도를 맡고 있습니다. 약 30개 국가 출신의 이주민들이 우리 복지관을 이용하고 있습니다. 외국인노동자, 결혼이주여성, 유학생들인데 대부분 아시아 국가 출신들이 많습니다.

Q3. 오랫동안 이주민의 안정적인 정착을 위해 공헌해 오셨는데요. 처음에 복지관을 설립하게 된 배경은 무엇인가요?

A. 2002년 당시 외국인노동자들을 지원하는 시스템이 없었기 때문에 이주민들이 거의 제도권 밖에 방치되어 있는 수준이었습니다. 당시에는 산업연수생 제도로 열악한 근무 환경과 저임금에 장시간 노동, 의료 사각지대 등 고충이 많았는데 인도적인 차원에서 이들의 인권과 복지에 관심이 생겨 시작하게 되었습니다.

Q4. 당시에는 이주외국인이나 결혼이주여성 등 다문화에 대한 인

식도 부정적이고 폐쇄적이어서 복지관 운영에 어려움도 많았을 것 같은데, 그 당시 어떤 점이 힘들었나요?

A. 처음에 시작할 때도 그렇고 지금도 그렇습니다. 우리나라도 못 먹고 못사는 사람들이 많은데 무슨 외국인까지 돌보냐는 불만들이 많았습니다. 민족 폐쇄주의가 강하다 보니 외국인들에 대해 배타적인 시선이 많았던 거죠. 우리 국민 약 750만에서 800만 명이 해외에 나가 살고 있는 지구촌 시대에 이런 의식은 개선해야 할 과제임이 분명합니다. 이를 위한 범정부 차원의 다각적인 노력이 필요한데 거의 손도 못 대고 있는 현실입니다.

Q5. 복지관의 부설기관으로 다양한 센터도 운영하고 계시는데, 여러 분야의 지원 가운데 이주외국인 무료진료소가 특히 인상적입니다. 의료 분야는 어떤 과목들이 지원되나요?

A. 매주 일요일 2시부터 5시까지 운영하는데 양방진료, 한방진료, 치과진료, 무료투약, 물리치료 등이 제공됩니다. 모두 의료 자원봉사 시스템으로, 참여하는 의료진은 약 600명 정도입니다.

Q6. 현직 의료진들이 봉사에 참여하기 쉽지 않을 텐데요. 의료 서비스에 협력하고 있는 인력들이 구체적으로 어떻게 진료에 도움을 주고 있나요?

A. 양방/한방, 치과, 약국, 물리치료로 구분하고 이 분야 의료인들이 매주 교대로 나와서 봉사를 합니다. 벌써 17년째인데 이렇게

오랫동안 계속되리라 생각하지는 않았습니다. 이제는 외국인노동자들도 4대 보험이 의무화되어 의료보험료를 납부하고 있는데도 장시간 근무에 의료기관 휴일 휴무로 의료 서비스를 받지 못하는 상황이 여전히 개선되지 않고 있습니다. 보험료는 내면서 서비스는 받을 수 없고, 진료는 정부 지원 없이 운영 중인 민간 의료기관을 이용하는 황당한 현실이 아직도 바뀌지 않는 것을 보면 탁상행정에서 소비자 중심 행정으로의 변화가 반드시 필요합니다. 외국인이라고 소홀히 하는 관행도 개선해야 합니다.

Q7. 현재 진료소를 이용하는 외국인노동자의 경우 가장 많이 종사하는 분야는 무엇인가요?

A. 외국인노동자는 우리 정부와 MOU를 체결한 16개 국가 간 정식 루트를 통해 합법적으로 인력을 수급하는 고용허가제라는 제도 아래 일을 하게 되는데, 내국인을 고용하기 어려운 3D 업종에 제한하고 있어서 이들의 직업군은 블루 직종입니다. 중소 제조업체, 농축산어업 분야가 주를 이루는데, 이들을 전부 불법 체류자로 취급하고, 국내 일자리를 빼앗는다는 유언비어나 가난한 나라에서 왔다고 얕잡아보는 시선들이 이들을 더더욱 힘들게 하고 있습니다.

Q8. 이주노동자들이 특히 선호하는 치료나 진료가 있나요?

A. 장시간 힘든 육체노동을 하기 때문에 근골격계 질환이 많고, 열악한 사업장에서 일하다 보니 호흡계 질환도 많습니다. 그래서

근육을 풀어주는 한방치료와 물리치료를 많이 받습니다. 대부분 20~30대 젊은이들이지만 장시간 육체노동을 당해낼 재간이 없죠.

Q9. 진료를 통해 치료나 도움을 받은 근로자들 가운데 특별히 기억에 남는 경우가 있나요?

A. 네, 이곳 진료는 예방의학적인 차원에서 시행하고 있지만 중증환자들은 2차 협력 병원들과 연계해 수술과 입원 치료까지 진행하기 때문에 산업재해를 당한 근로자들을 여러 명 지원한 적이 있습니다. 중국 동포의 경우 사업장에서 떨어져 큰 사고를 당했을 때 수술 지원을 했고, 파키스탄 노동자 탈장 수술, 스리랑카 노동자 안과 수술, 교통사고를 당한 베트남 노동자 다리수술 등 형편상 의료 혜택을 받지 못하는 어려운 처지의 근로자들을 도왔던 기억이 납니다.

Q10. 복지관이 다양한 역할을 통해 이주민의 입장도 많이 대변해줄 것 같은데, 이주민과의 소통이나 의견 수렴은 어떻게 하나요?

A. 우리는 정부와 상관없는 민간단체로, 이주민들의 필요를 즉각적으로 해결한다는 강점이 있습니다. 정부기관은 법, 조례, 규정 등 많은 시간이 필요한 것이 단점인데 이곳은 수요자 중심의 서비스를 제공하다 보니 정부가 못하는 일들을 많이 처리하고 있습니다. 컴퓨터나 운전면허, 아동 교육, 명절 행사, 법률 상담

등을 비롯해 어려운 일이 있는 이주민들은 언제든지 이야기합니다. 그러면 우리는 신속히 처리하는 편입니다. 단점은 열악한 재정입니다. 고국의 행사나 명절 같은 걸 기념하고 싶다고 할 때 넉넉히 지원하지 못하는 한계는 있습니다.

Q11. 가까이에서 가장 잘 느끼실 것 같은데요. 한국 사회 정착에 대한 두려움이라고 할까요? 이주민들이 걱정하는 부분은 어떤 것들인가요?

A. 우선은 외국인 배타성이 강한 것을 큰 부담으로 생각합니다. 아시아 국가 출신들이 많이 힘들어합니다. 그리고 언어로 인한 의사소통 문제로 어려움을 많이 겪습니다. 그래서 수준별 한국어 수업도 하고 있습니다. 다문화 가정의 경우 70% 이상이 취약계층이다 보니 경제적인 어려움이 자녀 교육에까지 악영향을 미치고 있는 실정입니다. 이들의 일자리 문제와 경제활동이 취약계층 탈출과 자녀 교육, 친정 국가까지 연계되는 부분인데 정부에서는 거의 손을 놓고 있는 상황이죠. 이제는 청와대에도 다문화 특보를 신설하고 이주민 컨트롤 타워를 세워서 중장기적인 로드맵을 수립해야 하는데, 정치권에서나 정부에서는 이들이 참정권이 없다 보니 진척이 너무 느립니다. 장기적으로 보면 이것이 우리 사회의 저출산, 고령화 문제의 해법이 될 수 있는 중요한 부분인데 안타깝습니다. 무엇보다 멀리 보는 안목이 필요하고, 국가를 살리는 정치권 인사들이 많아져야 한다고

봅니다.

Q12. 꼭 지역에 국한된 문제는 아니겠지만 대전 지역의 환경이나 요인 등으로 이주민들이 특별히 더 어려움을 겪는 점도 있나요?

A. 지자체의 경우 재정이 열악한 곳이 많습니다. 여유가 있는 지자체는 자체적으로 이주민 지원센터나 주민센터를 통해 이주민들을 지원하고 있지만 대부분은 그렇지 못한 편입니다. 거주외국인 지원 표준조례를 2007년 행자부가 만들어 지자체에 하달했지만 예산이 없는 죽은 조례로 남아 있는 지자체가 대부분입니다. 이런 경우 행자부가 예산까지 지원을 해야 하는데 그렇지 못한 상황입니다. 여가부가 운영하는 다문화가족지원센터는 있지만 이곳은 외국인노동자나 유학생 등이 이용할 수 없답니다. 이것도 문제지만 행자부는 외국인지원센터를 설치할 수 있거든요. 그런데 청와대, 국회, 정부, 그 누구도 필요성을 인식하지 못하고 10년 넘도록 죽은 조례만 묻혀 있는 안타까운 현실입니다.

Q13. 우리나라에 다문화지원법이 제정되기 이전에 이미 이주외국인을 위한 복지관을 생각하셨다는 점에서 굉장히 앞선 역할을 하셨는데요. 당시에도 이주외국인에 대해 개인적으로 관심이 있었나요?

A. 특별히 관심이 있었던 건 아닌데, 아시겠지만 IMF 때 노숙자들이 많아졌잖아요. 이때 쉼터에서 일했는데 복지부에서 노숙자

지원 대책이 수립되면서 노숙자 쉼터 운영비, 인건비, 의료비 등이 나왔습니다. 지금은 자활비까지 정부가 신속하게 지원합니다. 그런데 외국인노동자들은 자국민이 아니라 정부 지원이 없는 거예요. 안 그래도 어려운 사람들인데 외국인이라고 신경을 안 쓰는 거죠. 우리라도 외국인들을 지원해야겠다 싶어서 시작한 것이 2002년인데 17년이 지난 지금도 정부 지원 없이 일하고 있는 현실을 보면 우리나라가 외국인들에 대해 얼마나 배타적인지 알 수 있습니다. 인간은 인간 그 자체로 존중받아야 하는데 가난한 나라에서 온 외국인이라고 사람 취급을 안 해서야 되겠습니까?

Q14. 순수한 민간단체로 이렇게 운영하면서 어떤 어려움이 있나요?

A. 항상 부족한 재정이 가장 어려운 부분이죠. 외국인은 늘어나는데 후원금도 비례해서 늘지는 않는답니다. 그래서 늘 적자 운영을 면치 못하고 있는데, 솔직히 정부가 할 일을 왜 내가 빚까지 내면서 이러고 있나 하는 회의감이 들 때도 있고, 정부는 대체 뭘 하는지 모르겠다고 생각할 때도 있습니다.

Q15. 재정적 지원이라든지 운영은 어떻게 이루어지고 있나요?

A. 후원과 자원봉사 시스템으로 운영되고 있습니다. 개인이나 교회, 단체들이 후원을 하고, 프로그램은 대부분 자원봉사 풀을 활용합니다. 민관 협력 민관거버넌스 이야기를 많이 하는데, 우

리 사회는 일본식보다는 독일식을 벤치마킹하는 게 더 좋다고 봅니다. 독일의 경우 3만여 개의 디아코니아라는 민간단체들이 자체적으로 사업을 진행하면 정부는 행정적, 재정적 뒷받침을 통해 민간 풀뿌리가 잘 정착하도록 돕습니다. 그런데 우리는 민관이 갑을 관계로 운영하다 보니 민간의 창의성이나 헌신성, 순수성 등의 강점을 살리지 못하는 우를 범하고 있습니다. 부디 다양한 민간 영역에서 이런 부분을 키우는 것이 국력 신장이라는 인식이 널리 퍼지길 바랍니다.

Q16. 여러 이주외국인들이 복지관 내 교육뿐 아니라 한국 문화 체험의 기회도 다양하게 누리고 있다고 알고 있는데요. 특별히 다양한 문화 경험을 제공하고 싶은 이유가 있나요?

A. 2019년 국내 거주 외국인은 230만 명입니다. 2002년에 약 50만 명이었는데 급속도로 증가하고 있답니다. 정부는 500만 명까지 예상하고 있습니다. 결국 우리 사회도 영국, 프랑스, 독일처럼 인구 대비 10%까지 외국인인 다문화 국가로 향하고 있습니다. 결국 선주민과 외국인의 사회 통합을 통한 시너지 효과를 국력 신장의 기회로 삼아야 합니다. 전 세계에서 한국으로 들어와 거주하는 이 이주외국인들을 친한 세력으로 만들어 자국의 한국 홍보대사로 활용하는 것이 저비용 고효율의 외교 전략이 아니고 무엇이겠습니까. 해마다 여름에 외국인 400명 정도가 한국바다체험행사에 참여하고 있는데, 이들 대부분은 바

다가 없는 나라에서 왔거나 태어나서 바다를 처음 보는 것이었습니다. 그들이 SNS나 사진들을 통해 한국의 바다를 소개하면서 자연스럽게 자국에 한국을 홍보하게 됩니다. 눈이 안 내리는 남방국가 출신들은 한국에서 첫눈도 만난답니다. 이렇듯 다양한 한국의 문화를 접하는 일은 이들의 다문화 욕구도 충족해주면서 한국의 홍보대사 역할까지 할 수 있기 때문에 아주 중요합니다. 그래서 인삼축제나 젓갈김치축제, 명절 행사 등 다양한 문화체험 활동을 하는 것입니다.

Q17. 다문화 가정이나 이주민이 가진 강점은 무엇이 있을까요?

A. 이중언어입니다. 이중언어를 구사한다는 것은 매우 유용한 강점입니다. 몇 해 전 아프가니스탄에 김신일 씨가 인질로 잡혀 협상을 할 때 현지 언어를 아는 사람을 구하지 못해 애를 먹은 적이 있었죠? 아시아권에서 영어를 쓰는 나라는 필리핀밖에 없습니다. 다 자국어를 쓰고, 우리나라는 영어나 중국어, 일본어, 독일어, 불어 정도입니다. 다양한 국가 출신들의 다양한 언어를 갖고 있다는 건 확실히 유리한 조건입니다. 국제 외교나 통상, 교육, 문화, 체육 등 국제화 사회에 가장 중요한 것이 이 이중언어인데 이들의 강점을 살려주는 제도가 미흡합니다. 예를 들어 초등학교에 다니는 다문화 가정 자녀들의 이중언어 교육이나 프로그램이 없습니다. 죄다 한국어 교육으로 한국화를 지향하는데 이건 세계화를 이해하지 못하는 어리석은 정책으로 참 안

타까운 현실입니다.

Q18. 이주외국인들이 우리 사회 구성원으로서 함께 살아가려면 무엇보다 이들의 경제활동이 안정적으로 보장받아야 할 텐데요. 어떤 방향으로 접근해야 할까요?

A. 외국인노동자들의 경우 사업장에서 월급을 받고 이것이 코리안드림으로 이어진다는 점에서 긍정적이라 할 수 있는데요. 사실 이들이 현지에 돌아갔을 때 적금 사업이나 협동조합 형식의 대형 프로젝트를 코이카 해외 원조 사업과 매칭해 실질적으로 개발도상국들을 돕는 그런 사업 방식이 없는 게 안타깝습니다. 그렇게 해야 이주노동자들과 출신 국가, 우리 정부가 모두 윈윈할 수 있는데, 거기까지는 생각하지 못하고 있어요. 게다가 다문화 가정의 경우 대부분 취약계층으로 이들의 일자리 문제도 심각합니다. 경제적 어려움이 가정 파탄으로 이어지고 자녀 교육에까지 악영향을 끼쳐 결국 더 큰 사회비용을 지출하게 됩니다. 미연에 방지하는 게 최선인데 당국의 근시안적인 정책과 탁상행정이 효율성을 떨어뜨리고 있습니다. 현 정부가 그렇게 일자리를 강조하고 예산도 많이 투입하는데 이주민 관련 일자리는 아예 없습니다. 30만 명의 이주여성 일자리도 얼마든지 만들 수 있고, 이들의 강점을 살리는 사업 분야도 얼마든지 있는데 말입니다. 결국 컨트롤 타워를 세워 효율성을 높이는 것이 답입니다.

Q19. 다양한 이주민 대상 중에서 특별히 다문화 가정 아동들이 겪고 있는 고충은 무엇인가요?

A. 혼혈아라고 놀리는 거죠. 리틀 싸이 군도 엄마가 베트남 출신이다 보니 베트남으로 가라고 놀려서 스트레스를 많이 받았다고 하잖아요. 이렇게 유명한 아이도 그런 지경이니 다른 아이들은 어떻겠습니까. 한민족이 소중하듯 타민족도 소중하다는 상식과 기본을 갖추는 것이 왜 이렇게 어려운 일인지 모르겠지만 이것이 반드시 시정되어야 우리 사회가 글로벌 스탠다드에 다가갈 수 있습니다.

Q20. 그런 문제들을 해결할 수 있는 정책을 제안하거나 방향을 제시한다면?

A. 이주외국인들의 강점인 이중언어 교육을 강화해야 합니다. 결국 그것이 그들의 장래뿐 아니라 국가 장래도 밝게 만드는 길입니다. 그들의 공교육 탈락률은 내국인의 두 배 이상인데도 그대로 방치되어 있습니다. 교육 안전망 차원에서 폐교나 소학교를 활용해 공립학교를 설립해야 하는데 현재 인천시 외에는 없습니다. 타 지자체는 이를 벤치마킹하고 다문화가 국가 경쟁력 향상에 도움이 되는 방향으로 교육을 이끌어야 합니다. 급식도 마찬가지인데, 초중고 12년간 한식만 먹습니다. 학부모들도 친환경 급식만 이야기하지 다문화 글로벌 급식은 염두에 두지 않습니다. 10년이 넘도록 한식 급식을 하면서 글로벌 인재를 육성

한다고 말합니다. 한 달에 한 번만 외국 음식으로 급식을 하면 100개가 넘는 외국 음식을 경험하게 됩니다. 타 문화, 타 국가, 타 음식에 개방되어야 세계 어느 나라에 가서도 적응력을 높일 수 있습니다. 이것이 실질적인 글로벌 인재입니다.

Q21. 우리 사회가 급속히 늘고 있는 이주민을 포용하기 위해 제도적 장치 등 보완되었으면 하는 점이 있나요?

A. 이주민 컨트롤 타워가 필요합니다. 청와대에 다문화 특보도 설치해야 합니다. 현재 총리실 산하에 외국인정책위원회가 있는데 1년에 한두 번 회의해서 해결될 문제가 아닙니다. 대통령 직속으로 올리고 통합 정책을 추진해야 예산이나 정책의 효율성과 통일성을 높일 수 있고, 중장기적인 로드맵 수립을 통한 국가 경쟁력 향상에도 보탬이 됩니다. 소비자 중심의 정책을 통해 각각의 외국인들에게 맞춤 정책을 펼 수도 있습니다. 어려운 외국인을 돕는다는 근시안적인 정책이 아니라 이들을 저출산 고령화의 해법으로, 글로벌-로컬의 가교로 국제 외교 분야까지 연계해야 비로소 윈윈할 수 있습니다. 이것이 바로 저비용 고효율 정책입니다. 정부와 정치권은 국가를 위한 미래 비전을 위해 진흙 속에 묻혀 있는 이 다문화에 대한 공부가 많이 필요합니다.

Q22. 이주민들과 오랫동안 동고동락해온 만큼 누구보다 그들의 더 나은 삶을 위해 많은 고민을 하실 것 같은데요. 우리 사회가 다

양한 이주민과의 상생을 긍정적으로 받아들이려면 어떤 과제들이 해결되어야 할까요?

A. 폐쇄적인 국가나 사회는 망합니다. 개방하고 유연해야 오래갑니다. 내가 소중하듯 타인도 소중하다는 상식이 통하는 합리적인 사회가 되는 일이 어려워서는 안 됩니다. 남북문제도 우리 민족끼리의 문제라는 건 옛말입니다. 유럽의 민족주의는 전부 극우 정당으로 분류합니다. 우리는 민족을 내세워야 진보요 애국인, 세계와 정반대인 사회입니다. 민족의 장벽을 빨리 허물고 세계로 나아가야 합니다. 글로벌 인재를 육성한다면서 아직도 민족 교육을 하고 있습니다. 글로벌 인재를 교육한다면서 영어, 중국어, 일본어 등 한정적인 언어권을 벗어나지 못하고, 급식도 한식만 고집하고 있습니다. 자라나는 세대는 김치나 청국장만 먹는 인간으로 만들면 안 됩니다. 세계 어느 나라에 파견해도 즉각 일할 수 있어야 글로벌 인재입니다. 정부와 정치권은 다문화에 대한 이해의 폭을 넓히는 공부를 해야 합니다. 결국 여기에 국가를 살리는 수많은 비책이 묻혀 있기 때문입니다. 우리는 수출로 먹고사는 나라입니다. 내수가 부족하고 자원도 부족합니다. 전 세계에서 유입된 230만 이주민, 이들 출신 국가와 상생 협력하는 데 이중언어를 활용하지 못하고 한국을 경험한 이 훌륭한 인적 자산과 연계하지 않는다면 외교나 통상, 국제 협력이 과연 성과를 얻을 수 있을까요? 삼척동자도 다 아는 아주 쉬운 문제입니다.

Q23. 정책이나 제도를 떠나 이웃의 입장에서 외국인노동자나 결혼 이주여성 등 취약계층 이주민들에게 어떤 마음으로 다가가고 행동해야 할까요?

A. 글로벌-로컬 관점을 가지면 1년 내내 이들과의 다양한 교류와 협력이 가능합니다. 다양한 기관과 단체 역시 글로컬을 통한 이주민과 이들 출신 국가와의 교류 협력이 장기적으로 유대감을 형성하는 데 효과적임을 알게 될 겁니다. 중앙정부든 지방정부든 이제는 230만 이주민과 함께하는 글로컬 전략을 준비해야 합니다. 이것이 저비용 고효율의 새로운 패러다임으로, 우리 사회를 크게 변화시킬 것입니다.

Q24. 앞으로 복지관이 이주민과 함께 지역사회에서 일익을 담당하기 위해 계획하고 있는 일이 있나요?

A. 우리 복지관을 이용한 수많은 나라의 친구들은 물론 그 출신국과도 교류 협력하는 사업에 관심이 많습니다. 입국 전 한국어 교육이나 귀국한 이들의 피드백을 통해 양국 발전을 모색하는 정책들을 많이 생각하고 있는데 민간의 힘만으로는 턱없이 부족합니다. 민관 협력의 좋은 모델이 탄생하길 기대해봅니다.

Q25. 프로그램 공식 질문입니다. 관장님에게 다문화란 무엇인가요?

A. "다문화는 진흙 속에 묻혀 있는 보배다." 성서에 나오는 말에 비유한 건데요. 다문화를 알게 되면 이것이 바로 땅속에 묻혀

있는 보배라는 사실을 깨닫게 됩니다. 시간 관계상 다 설명하지 못했지만 이런 의미에서 보배를 찾는 분들이 많아지길 바랍니다.

✦12✦

이자스민의
나비효과를 기대하다

2011년 〈완득이〉라는 영화가 흥행을 했습니다. 2012년 새누리당

이 완득이 엄마 역할을 맡았던 이자스민을 영입했습니다. 이때 필자는 야당이 완득이나 감독을 영입해야 한다고 주장했지만 민주당은 그렇게 하지 않았습니다. 이후 대선 때 이자스민 의원은 전국 다문화 가족센터를 돌며 박근혜 대통령 당선에 1등 공신으로 톡톡히 한몫했습니다.

탄핵 후 대선 때 민주당과 국민의당 양쪽에서 이자스민에게 입당 제안을 했습니다. 이때 이 의원은 결정을 내리지 못했고 결국 나중에 정의당행을 택했습니다. 그때 결정했으면 문재인 정부에서 차관급 이상 자리에 오르지 않았을까 생각합니다. 필자는 이 의원을 청와대 다문화 특보로 세우고 싶었는데 이 의원이 이주외국인들을 위한 대의의 길을 택하지 못한 것은 못내 아쉬운 대목이었습니다.

이제 정의당의 이 의원 영입을 계기로 다른 당에서도 다문화 인재 영입에 관심을 갖길 기대합니다. 대선까지 생각한다면 그렇게 해야 합니다. 왜냐하면 다문화 가족 기본 표가 자그마치 100만 표로 당락을 결정할 만하기 때문입니다.

250만 이주외국인과 750만 해외 교포를 아우르는 국내외 융복합 다문화 정책을 수립하기 위해서는 국회와 각 정당에서 다문화위원회를 실속 있게 운영하고, 관련 전문가들을 총선 후보로 영입하는 등 선의의 경쟁을 펼치길 바라는 마음입니다.

다문화청, 재외동포청 신설과 이들 1천만 명을 아우르는 세계평화부 신설 등 할 일이 많습니다. 이것은 곧 국격을 높이고 지구촌 시대에 걸맞은 국가 위상과 국익을 위한 길입니다.

✦13✦

우리가
다문화 정책 전문가!

2013년, 이주여성들 정치학교 통해 지방의원 꿈꿔

대전이주여성인권센터(센터장 김봉구)는 5월 19일부터 매주 일요일 오후 2시 18차에 걸쳐 대전외국인복지관에서 '결혼이주여성 정치인 양성학교'를 실시합니다. 본 과정은 결혼이주여성, 외국인노동자, 유학생 등 급증하는 이주외국인과 관련해 다문화 정책 전문가를 양성하는 것이 목표입니다. 이들이 지방의회에 진출할 경우 당사자의 문제를 당사자 입장에서 풀어나감으로써 올바른 다문화 정책 수립과 정책의 통일성, 합리성, 예산의 효율성 등의 측면에서 지방정부에도 큰 보탬이 될 것으로 예상하고 있습니다.

태국 출신 낫티타(대덕구) 씨는 "이번 결혼이주여성 정치인 양성학교에 참여하면서 더 큰 책임감을 느낍니다. 열심히 공부해서 모두에게 환영받는 지방의원이 되고 싶습니다"라며 정치 입문 의사를 밝혔

습니다.

몽골 이주여성 문근체체그(서구) 씨는 "다문화 관련 정책의 당사자인 우리가 그동안 정보 부재, 교육 부재로 관심을 갖지 못했는데 이런 전문 교육을 받게 되어 기쁘고, 첫 강의를 들으니 할 일이 많다는 것을 알게 되었습니다. 끝까지 수료하고 싶습니다"라며 의욕을 보였습니다.

총 18회기로 진행되는 본 과정에는 20명의 이주여성들이 참여하며, 곽영교 대전시의회 의장, 김명경 대전시 의원, 이자스민 국회의원, 이라 경기도 의원 등 현직 정치인, 다문화 관련 기관, 단체 전문가 16인의 실질적인 교육을 통해 이들의 정치 입문을 도울 계획입니다.

다문화 이주민의 인권과 현실

✦ 01 ✦

결혼이주여성
정치인 양성 교육의 필요성

한국에 거주하고 있는 외국인은 2013년 기준 150만 명으로 인구 대비 약 3%를 차지했습니다(2022년 250만 명). 이들은 외국인노동자, 결혼이주여성, 유학생들이 주를 이루며, 해마다 10% 이상 증가 추세로 외국인 500만 시대를 전망하고 있습니다. 대전 2만 4천여 명, 충북 4만여 명, 충남 7만여 명 등 충청권에 총 13만 4천여 명의 외국인들이 함께 살고 있습니다.

이들 가운데 결혼이주여성은 이주노동자나 유학생과 달리 한국 국적을 취득할 수 있으며, 국적 취득과 동시에 국민으로서의 의무와 권리가 부여됩니다. 국민주권 시대의 참정권, 즉 선거권과 피선거권도 생깁니다. 이들의 정치 참여는 헌법이 보장한 지극히 자연스러운 일로, 당사자 문제를 당사자 스스로 풀어나가는 것 역시 당연한 일입니다. 그러나 정치 참여에 대한 정보와 교육이 전무해 이들이 정치

주체로 나서는 일은 매우 제한적인 것이 현실입니다. 이들이 거주하고 있는 지역에서 지방의원으로 진입하기 위한 '이주여성 정치인 양성 교육'이 절실히 필요한 이유입니다.

결혼이주여성들이 입국 후 국내에서 겪는 각종 고충과 문제점, 자녀 보육과 교육 문제 등을 해결하기 위해 모든 외국인의 대변자로서 지방의원이 되어 정책화, 제도화를 당사자 입장에서 풀어나간다면 이들의 의견 수렴 등 현장 중심 행정을 통해 예산과 정책의 효율성을 높이고 장기적으로 정부에도 도움이 될 것입니다. 또한 이주민 출신들의 의회활동은 공생의 다문화 사회를 구현하는 데 큰 역할을 담당하게 될 것이고 사회 통합에도 기여할 것으로 기대합니다.

이런 상황에서 대전외국인복지관이 개강하는 '결혼이주여성 정치인 양성학교'는 큰 의미가 있습니다. 5월 19일부터 7월 7일까지 1차 교육으로 이자스민 국회의원, 곽영교 대전시의회 의장, 김명경 대전시 의원 등의 현실 정치와 지방의회 강의, 이주민 단체 전문가들의 한국 다문화 정책과 과제, 이주민 인권, 국제결혼 및 출입국관리법, 유럽 사회 다문화 정책 등의 교육을 진행합니다. 9월에도 8회 소양교육과 대전시 의회, 국회 방문의 현장 체험 학습을 통해 현실 정치에 더욱 가까이 다가갈 계획입니다.

수강생들은 대전에서 10년 이상 살면서 국적을 취득한 결혼이주여성 20명입니다. 이주민 출신의 오바마 미국 대통령은 한국의 이주민들에게도 크나큰 꿈과 희망을 주고 있습니다.

글로벌 시대, 결혼이주여성들의 의회 진입과 활발한 정치활동은

안으로의 세계화를 이룸과 동시에 우리 국격을 더욱 높이는 일이 될 것입니다. 이를 위해 '결혼이주여성 정치인 양성 교육'이 전국적으로 확대되길 소망합니다.

✦ 02 ✦

이주여성 폭행 사건,
사후약방문보다 사전예방 필요해

한국에 한 해 100만 명의 이주노동자, 결혼이주여성, 유학생들이 들어옵니다. 물론 여행객이나 단순 방문자를 제외한 숫자이며, 이는 해마다 늘고 있습니다. 정부는 현지에서 한국어능력시험을 통과한 사람에 한해 입국을 허용하고 있는데, 이는 한국 조기 정착률을 높이기 위한 방안입니다. 문제는 현지에서 한국어를 가르치는 한국문화원이나 세종학당이 턱없이 부족해 입국 희망자들이 불편을 겪고 있는데도 알아서 배우고 알아서 통과해 입국하라는 무성의한 정책입니다. 속히 현지에 더 많은 한국어 교육장을 설치해야 합니다. 이것은 입국자뿐 아니라 국익에도 보탬이 되며, 저예산으로도 가능한 일입니다. 그런데 컨트롤 타워가 없다 보니 외교부, 노동부, 법무부, 여가부, 문광부, 교육부, 지자체 등 모두가 근시안적으로 대응하고 있습니다.

현지에서 한국어나 한국의 법률과 문화 등 다양한 교육을 실시하는 것은 입국자들의 한국 정착을 돕기 위해서입니다. 한국 정부가 그 점을 인식해 토픽시험 통과자만 입국시키는 현 제도의 목적을 잘 살리기 위해서도 현지에 한국어 교육장을 더 설치해야 합니다. 그래야 이들의 조기 정착과 인권을 보장할 수 있고, 사회비용도 줄일 수 있습니다.

한국어는 또한 사업장이나 가정의 폭언, 폭행을 줄일 수 있는 주요한 요소입니다. 그러나 실무 현장에서는 왜 말을 못 알아듣느냐며 노동자에게 욕설도 서슴지 않습니다. 한국 산재율이 OECD 국가 중 가장 높은 이유도 이주노동자들과 의사소통이 원활하지 못하기 때문입니다. 현지에서의 한국어 교육이 왜 그들의 인권을 지키고 조기 정착을 돕는지 그 밀접한 관계를 알 수 있는 부분입니다.

결혼이주여성 역시 한국어가 중요하기는 마찬가지입니다. 한국어는 부부간, 가족 간, 이웃 간 원활한 소통과 자녀 교육과도 밀접한 연관이 있기 때문입니다. 한국어가 서툴면 자녀의 언어 발달이 늦어져 학업 부진, 공교육 탈락, 가족 해체, 사회활동 제약으로 이어지며 경제활동 편입 등에도 불리합니다. 이들의 강점인 이중언어를 활용하기 위해서도 한국어는 필수입니다. 그래서 여가부는 250개 다문화가족센터에서 15년째 한국어를 가르치고 있는데, 그 예산의 10%만 해외에 투입해도 효과성을 더 높일 수 있다고 합니다.

이와 관련해 2019년 7월에 발생한 베트남 결혼이주여성 폭행 사건을 살펴보면 이는 남편의 폭력성과 가해자 처벌로만 접근할 문제가 아닙니다. 다문화 공교육 및 평생교육 차원에서 정부와 언론의 다각적인 노력과 함께 사전 예방책 등 근본 대책을 수립해야 합니다. 이주민 당사자의 인권은 물론이고 다문화 사회, 자녀 교육, 이들의 모국과의 외교 관계, 국익 도모 등 종합적이고 폭넓게 접근할 필요가 있는 만큼 컨트롤 타워를 세워 단기 및 중장기 로드맵을 제대로 수립하는 것이 모두를 위한 길입니다.

결혼이주여성
경제자립 대책 마련해야

바야흐로 한국은 세계 여러 나라에서 유입된 21만의 여성들이 공존하는 다문화 사회입니다. 정부 역시 시대의 흐름에 발맞추고자 다문화 가정을 위해 다양한 지원을 하고 있으나 대부분 '가정'이라는 울타리 안에 있을 경우에만 받을 수 있다는 것이 문제입니다.

결혼이주여성의 법적 지위는 매우 불안정합니다. 작년 10월 이후 결혼이주여성의 체류 자격을 국민의 배우자(F-2-1)에서 결혼이민(F-6)으로 변경한 것은 고무적이라 할 수 있겠으나 유엔여성차별철폐위원회도 지적한 한국의 결혼이주여성들의 여러 가지 문제 중 한 가지에 관한 것일 뿐입니다.

여전히 벌어지고 있는 '여성' + '외국인'의 차별로부터 이들이 자유로워지기 위해서는 더 많은 것들의 근본적인 변화가 필요합니다. 그중에서 무엇보다 시급한 것은 결혼이주여성들의 경제활동 구조를 확립하는 것입니다. 70% 이상이 경제적 취약계층으로 보고되었으며, 남편과의 나이 차이도 평균 15세에 이릅니다. 경제적으로 남편에게만 의존하는 경우 남편이 경제적 능력을 상실한 상황이 되었을 때 갑자기 여성이 그 책임과 부담을 짊어져야 합니다. 그래서 이 여성들이 보다 전문적인 기술이나 영역을 확보해 경제활동을 하고 자립할 수 있도록 돕는 다양한 정책들을 개발하고 연구해야 하는 것입니다.

대전이주여성인권센터는 이러한 어려움들을 덜어내고자 사회적 기업 형태로 다문화 식당을 준비하고 있습니다. 결혼이주여성들이 모국의 음식을 통해 이윤을 창출하고 수익을 배분할 수 있는 구조를 만든다면 분명 큰 도움이 될 것입니다.

결혼이주여성들은 저출산 고령화 사회의 대안이라는 가치보다 훨씬 더 큰 가능성을 가진 아름다운 사람들입니다. 새로운 꿈을 실현하기 위해 머나먼 타국행도 마다하지 않은 용기 있는 여성들입니다.

세계여성의 날을 맞아 이 여성들에게 한국이 제2의 고향으로, 자신의 아이들을 길러내는 터전으로 희망의 땅이 되어주기를, 이들이 당당한 국민이자 경제인으로 목소리를 낼 수 있는 날이 속히 오기를 기대합니다.

결혼이주여성에게도 빵과 장미를!
결혼이주여성에게 일자리는 인권이다!

일자리가
인권이다!

결혼이주여성에게 "빵과 장미를"

결혼이주 25만 시대, 결혼이주를 선택한 90여 국가의 여성들이 대한민국이라는 지리적 공간을 함께 향유하고 있습니다. 하지만 언어 차이, 문화 차이, 선주민들의 편견과 선입관 등 많은 어려움을 겪고 있으며, 그중 가장 어려운 것은 취업으로 하늘의 별따기 수준입니다.

국제결혼 가정의 70% 이상이 경제적 어려움을 겪는 취약계층으로, 이들이 경제활동에 참여해야 빈곤에서 탈출할 수 있으나 이들 앞에 놓인 취업 장벽은 너무나 높습니다.

이에 우리 센터는 2007년부터 꾸준히 이주여성 직업 교육을 실시해 왔습니다. 그러나 각종 자격증을 취득해도 노동시장에서 홀대받기 일쑤고, 쉽게 접근할 수 있는 단순노무직이나 생산직은 노동시간이 너무 길어 양육을 병행할 수 없는 등 수많은 벽에 부딪혀 결국 포기하게 되는 악순환이 계속되었습니다.

　그래서 직접 결혼이주여성들의 상황을 고려해 맞춤형 일자리를 제공하기 위해 2012년 4월 다문화 레스토랑 I'mAsia(이맛이야)를 창업했습니다. 창업 2주년을 앞둔 I'mAsia는 더 많은 이주여성 일자리 창출을 목적으로 현재 분점을 준비하고 있습니다.

　그러나 창업은 목돈이 필요하기에 취약계층에게는 취업보다 더 어려운 일입니다. 정부는 취약계층인 다문화 가정 이주여성들의 취업과 창업을 위한 구체적이고 현실적인 일자리 창출 대책을 마련해야 합니다.

✦05✦

결혼이주여성,
직업 교육으로 자격증 따고 취업까지 성공

2012년 대전이주여성인권센티는 결혼이주여성 직업능력 개발과 취업 지원을 위해 대전 최초로 5개월간 다문화 식당 I'mAsia에서 취업 교육을 실시했습니다. 취업 현장에서 소외되고 있는 결혼이주여성들의 일자리 창출을 위해 창업된 다문화 식당에서 요리 교육을 실시한 후 우수자를 직접 취업과 연계하는 맞춤형 취업 프로그램입니다.

결혼이주여성 20명 중 2명은 바리스타 자격증을 취득하고 I'mAsia의 정직원으로 채용되었으며, 요리 교육 수료자들 중 3명은 인턴 직원으로 근무하고 있습니다. 다른 교육생들도 자신의 여건에 맞춰 I'mAsia의 케이터링단으로 활동해 아르바이트 수입을 얻게 되었습니다.

이들은 10월 12~14일 진행된 대전세계푸드 & 와인페스티벌에 참여해 35만 명이 찾은 이 국제 행사에서 자국의 음식을 알리며 자부심도 키우고 수입도 얻는 일석이조의 기쁨을 맛보았습니다. 이외에도 다양한 지역 행사에 I'mAsia 케이터링단으로 참여해 육아활동으로 정규 근무가 어려운 결혼이주여성들에게 지속적인 일자리를 제공하고 있습니다.

대전이주여성센터는 "결혼이주여성의 일자리 창출은 가장 중요한 다문화 정책으로, I'mAsia와 같은 다문화 식당을 전국 250개 다문화 가족지원센터에서 창업할 수 있도록 지원해 사회적 기업과 매칭하면 이주여성의 일자리도 창출하고 지역민의 다문화 이해를 증진하는 데도 매우 효과적일 것"이라고 밝혔습니다.

06

I'mAsia,
전국 프랜차이즈로 키워야

결혼이주여성 일자리 창출과 경제 자립 위해

대전이주외국인종합복지관이 결혼이주여성 일자리 창출과 경제 자립, 자아실현을 목적으로 창업한 다문화 식당 I'mAsia가 2013년 개점 1주년을 맞았습니다.

취약계층이 많은 다문화 가정의 경제 자립을 위해 이주여성들의 취업활동은 매우 중요하지만 이들의 취업 장벽은 내국인들에 비해 더 높고 특별한 경쟁력 또한 없는 것이 현실입니다.

이러한 한계를 극복하기 위해 시작한 다문화 식당 창업 프로젝트가 여러 측면에서 성공을 거두고 있습니다. 우선 첫째로 아시아 요리 훈련 과정을 거쳐 현재 8명의 이주여성들이 I'mAsia에 고용되었으며, 비정기적이나마 맛체험단원으로 활동하는 10여 명까지 총 20여 명의 이주여성 고용 창출 효과를 거둔 것은 매우 만족스러운 성과입니다.

둘째, 이곳에서 일하는 이주여성들은 타 직장에서 겪는 차별과 편견이라는 스트레스를 받지 않고 근무 여건 등 만족도가 높아 정착률이 높습니다. 이를 통해 앞으로 이주여성 취업 문제는 이들의 공동 일터로 접근해야 성공한다는 결과를 얻었습니다.

셋째, I'mAsia에 근무하는 8명 중 4명이 친정인 고국을 다녀왔고, 나머지 4명도 올해 친정 방문 일정이 있을 정도로 이들의 고용이 경제 자립으로 이어지고 있어서 다른 이주여성들에게 성공적인 한국 정착 모델이 되어주고 있습니다.

넷째, I'mAsia가 시민들에게 다문화 체험장으로 활용되고 있는 점 또한 큰 성과입니다. 초중고교, 대학교, 단체 등의 다문화 체험 방문이 이어지고 있으며 시민들의 방문도 갈수록 증가하면서 생소했던 아시아 음식들에 대한 이해도와 만족도가 높아지고 있으니 지역사회에 필요한 다문화 식당의 역할을 충분히 입증했다고 생각합니다.

다섯째, 대전 세계요리사대회, 국제푸드와인축제, NGO축제, 시민걷기축제, 다문화축제, 청소년축제, 뿌리축제 등 다양한 행사 주최 측에서 아시아 맛체험단을 초청하는 등 초청 단체가 갈수록 늘면서 I'mAsia는 아시아 요리를 선보이는 다문화 전도사 역할을 톡톡히 담당하고 있습니다.

여섯째, 서울, 충남, 충북, 경남, 경북 등 타 지역에서 벤치마킹 방문이 이어져 결혼이주여성 일자리 창출 롤모델로서 전국화가 가능한 사업으로 검증받고 있는 것 역시 매우 긍정적인 신호입니다. 왜냐하면 결혼이주여성 30만 시대에 이들의 일자리 창출과 경제활동은 시급한 문제요, 우리 사회가 풀어야 할 중요한 과제이기 때문입니다.

여가부는 이주여성 일자리 창출을 위해 초기 창업 예산을 확보하고 전국 230개 다문화센터를 통해 다문화 식당을 프랜차이즈화할 필요가 있습니다. 또한 노동부의 사회적 기업, 행안부의 마을 기업과 연계해 지속적으로 운영이 가능하게 하는 연계 사업을 모색해야 합니다.

07

결혼이주여성 5명
머신퀼트 강사 자격증 취득

대전이주여성인권센터는 결혼이주여성들이 일과 육아를 병행하고 경제적으로 자립하도록 돕기 위해 머신퀼트 강사 자격증반을 2022년 1년간 운영했으며, 그 결과 5명의 이주여성들이 한국퀼트산업진흥협회로부터 자격증을 취득했습니다. 2학기 총 30회로 진행된 퀼트 직업 교육은 처음 15회는 초급 과정을, 이후 15회는 중급 과정을 진행해 작품의 완성도를 높여 나갔습니다.

머신퀼트 강사 자격증을 취득한 우즈베키스탄 이주여성 트소이베라 씨는 "육아와 일을 병행하기가 어려웠는데 퀼트 자격증을 취득해 이제는 집에서도 작품활동을 할 수 있고, 아이들과도 더 많은 시간을 보낼 수 있어서 좋습니다. 도움을 주신 퀼트 동료들과 선생님, 센터 관계자들께도 감사합니다"라고 마음을 전했습니다.

센터 관계자는 "많은 결혼이주여성들이 경제활동과 육아를 병행하기가 어려워 취업활동을 못하는 경우가 많았는데 이 두 가지를 만족시킬 수 있는 머신퀼트 자격증을 취득했다니 정말 기쁜 일입니다. 앞으로도 더 많은 이주여성들의 경제 자립을 위해 계속 퀼트 교육을 진행하고, 자격증을 취득한 이들이 공방이나 온라인 몰을 통해 다양한 제품들을 판매하여 소득 증대에 보탬이 되도록 다방면으로 더 노력하겠습니다"라고 밝혔습니다.

　　　　　　　2장

✦08✦

결혼이주여성
친정 가기!

결혼이주여성들 성금 모아 어려운 이주여성에게 친정 방문 선물해

대전외국인복지관에서 한국어 교육 등에 참여하고 있는 결혼이주여성들이 지난 1년간 십시일반 모은 성금 250만 원을 형편이 어려워 한번도 친정에 가지 못한 이주여성에게 전달했습니다.

결혼이주여성들이 외국인복지관의 각종 교육이나 행사에 참여하면서 자발적으로 모금한 250만 원을 22일 복지관 한글 교육 수료식에서 전달했습니다. 친정 방문 선물을 받게 된 호소밧타낙(25, 중구) 씨는 새해를 맞으면 캄보디아에서 시집온 지 5년이 되는 결혼이주여성입니다. 1남 1녀를 키우며 시어머니를 모시고 사는 호소밧타낙 씨는 한국에서는 '김진아'라는 이름으로 불리는 한국 며느리입니다. 작년에 직장을 그만둔 남편은 아직 아르바이트를 하고 있는 형편이다 보니 지난해 친정아버지가 사고로 쓰러져 거동을 못하시고 친정어머니는 고혈압으로 고생하시는 상황에서도 타향살이하는 막내딸은 여태 친정 부모님을 찾아뵙지 못했습니다.

이번에 복지관과 친구들의 도움으로 처음 친정에 가게 된 호소밧타낙 씨는 부모님께 처음으로 손주들을 안겨드릴 생각에 벌써 마음이 설렌다고 합니다. 아이들 역시 처음 가는 외가댁 방문에 설레기는 마찬가지입니다.

대전시에만 다문화 가정이 4,500가구가 넘습니다. 이 중 70%는 저소득층에 속해 많은 비용이 드는 친정 방문은 현실적으로 어려운 일입니다. 이에 복지관은 시민과 기업, 교회들의 후원을 받아 2007년부터 매년 네다섯 가정의 친정 방문을 지원하고 있습니다.

09

찾아가는
다문화 교실

다문화 엄마들, 다문화 전도사로 활약

대전이주외국인종합복지관은 다문화 엄마들로 구성된 다문화동화강사단을 조직해 유아, 초등 교육기관에 직접 찾아가는 다문화 동화교육 프로그램을 실시합니다. 이를 통해 다문화 엄마들은 자국 문화와 동화를 알리며 자부심을 얻고, 봉사활동 참여로 우리 사회의 당당한 일원이 되며, 학습에 참여하는 선주민 아동들은 문화의 다양성을 공부하고 다문화 감수성을 향상시킬 수 있는 기회가 될 것입니다.

찾아가는 다문화 교실을 희망하는 대전 지역 어린이집, 유치원, 지역 아동센터, 초등학교 등은 복지관으로 문의(042-631-6242)하면 교육 출강을 신청할 수 있습니다. 이주외국인 250만 다문화 사회를 맞아 다음 세대인 아동들의 문화 다양성 교육의 필요성이 부각되는 시기에 다문화 엄마들과 함께 하는 다문화 동화 체험활동은 효과적인 다문화 이해 프로그램이 아닐 수 없습니다.

현재 강사로 참여하고 있는 다문화 엄마들은 중국, 베트남, 캄보디아, 태국, 우즈베키스탄, 인도네시아 6개국 15명으로, 동화강사 훈련을 받고 자신들의 자녀와 또래인 아이들을 찾아가 다문화 동화 강사 활동을 할 수 있다는 것에서 큰 자부심을 느끼고 있습니다.

중국 출신 청옌(37, 중구) 씨는 "한국에 와서 다문화 가족에게 주어지는 혜택과 사랑을 많이 받았는데 이제 우리 고향의 이야기와 문화를 아이들에게 알려주는 봉사를 할 수 있어 행복합니다"라고 참여하는 소감을 밝혔습니다.

2장

10

다문화 아동 이중언어
오디오 동화책 전국 배포

다문화 엄마들이 직접 만들어 전국에 배포

대전이주외국인
종합복지관은 오는
25일 저녁 7시, 대
전가톨릭문화회관
에서 다문화 가족
들이 직접 꾸미는
'다문화 가족 예능
발표회'를 진행합

니다. 발표회는 다문화 가정 엄마들이 직접 만든 이중언어 오디오 동
화책 제작 발표, 벨리댄스 공연, 연극 공연, 다문화 아동 악기 연주회
등 지난 1년간 복지관에서 갈고닦은 예능 실력을 보여주는 자리로

마련되었습니다.

특히 이중언어 오디오 동화책『엄마의 선물』은 다문화 아동의 장점인 이중언어 교육을 지원해 미래 한국의 인재로 자랄 수 있도록 돕고자 7개국 다문화 엄마들이 직접 녹음에 참여해 국내 베스트셀러 동화책과 자국의 동화책을 이중언어로 만든 책으로, 전국 200여 다문화가족지원센터와 대전 지역 다문화 가족들에게 무상으로 배포할 예정입니다.

지역에서 최초로 시도되는 다문화 엄마들의 이번 도전은 다문화 가족 30만 시대를 맞은 우리 사회가 이들의 장점인 이중언어, 이중문화 감수성을 지원해 글로벌 시대의 인재로 성장시키는 데 관심을 기울여야 할 때임을 시사하고 있습니다.

◆11◆

외국인노동자
더 이상 죽이지 마라

2019 한국 산재 사망률 OECD 국가 1위 불명예, 더 이상은 안 돼!

오염 물질에 의한 외국인노동자 사망 사고가 줄지 않는 이유는 한국인들이 기피하는 소·돼지 축사, 양계장, 해산물 오염 처리장 등에 외국인노동자들을 투입하기 때문입니다. 황화수소 유독가스 등 산업안전보건법 관리 수칙도 제대로 지키지 않아 산재 사망률 1위라는 불명예를 벗지 못하고 있는 상황입니다.

이는 단지 사업주가 책임지거나 처벌로 해결될 문제가 아니라 관리 감독 및 사전 예방교육 등 주무부서인 노동부가 더 적극적인 예방 대책을 수립하는 것이 근본 해결책입니다. 외국인노동자의 경우 한국인의 10분의 1이라는 저렴한 산재 보상금이 지급되는 불평등한 제도 아래 벌어지는 인재요 참극이라는 사실 역시 부끄러운 대한민국의 자화상이 아닐 수 없습니다. 스스로 국격을 훼손하고 있는 현 상황을 극복할 다각적인 대책을 수립하는 것이 '사람이 먼저'라는 문재인 정부의 국정 철학을 실현하는 길입니다.

외국인노동자들은 내국인들이 기피하는 3D 업종인 블루 직종에만 종사하도록 노동부가 법으로 규정하고 있습니다. 그래서 한국인들이 선호하는 화이트 직종과 일자리 충돌이 없습니다. 이들은 언어 소통 문제나 국내법 이해 부족, 작업 미숙련 등으로 산업재해가 많이 발생해 한국 산재 사망률이 OECD 국가 중 1위라는 불명예로 이어지고 있습니다. 결국 노동부는 값싼 외국 인력을 위험한 업종에 제공하고, 이들의 안전관리 등 사후관리는 허술하다는 비판을 면키 어렵게 되었습니다.

이제는 외국 인력을 단기간 쓰고 폐기하는 정책에서 중장기적인 정책으로 전환해야 합니다. 이들의 산업안전보건을 위해 당연한 일이며, 이들이 자국으로 귀국 시 한국 제품의 소비자요, 홍보대사일 뿐 아니라 외교, 통상, 무역, 교육, 문화, 체육, 종교 등 다방면에서 한국과의 가교 역할을 할 테니 국제 외교 및 국익과 밀접한 관계를 갖고 있다는 관점을 가져야 합니다. 그래야 한국이 진정한 아시아 평화경제공동체의 주역이 될 수 있습니다.

삼가 베트남, 태국 출신 이주노동자 고인들의 명복을 빌며, 유가족들에게 심심한 위로의 말씀을 전합니다.

·12·

100만 외국인노동자,
한국과 평생 동반자 관계

한국에 거주하는 이주외국인은 250만 명입니다. 해마다 10% 이상씩 증가하고 있어 머지않아 500만 외국인 시대를 전망하고 있습니다. 이들 중 100만 명은 외국인노동자들인데, 대부분 가난한 아시아 국가 출신으로 경제가 어려워 코리안드림을 꿈꾸며 한국행을 선택한 젊은 층입니다.

외국인노동자의 경우 주로 한국 정부와 고용허가제 MOU를 체결한 아시아 16개 국가 출신으로, 이들은 결혼이주여성들보다 상대적으로 학력과 경제력이 높은 편입니다. 외국인노동자들은 고용허가제 적용 대상으로 300인 이하 중소영세제조업체에 고용될 수 있으며, 이 직종은 한국인들이 기피하는 3D 업종입니다.

그런데 중소영세제조업체는 100만 명의 외국 인력을 고용하고 있음에도 불구하고 만성적인 인력난을 극복하지 못해 해마다 더 많은 외국인을 고용할 수 있도록 고용노동부에 건의하고 있는 상황입니다. 이들의 근무 여건은 인력 부족으로 장시간 근무가 불가피해 건강이 악화하고 산업재해에 쉽게 노출될 수밖에 없는 구조적인 한계를 갖고 있습니다.

한국인들이 싫어하는 업종에 종사하며 저임금 장시간 근무로 한국의 산업 역군 역할을 감당하고 있으나 가난한 아시아 국가 출신이요, 피부색이 다르다는 이유로 차별과 편견의 이중고를 호소하고 있습니다.

정부가 외국인노동자를 늘려 인력 부족을 호소하는 제조업체의 요구에 부응하려는 노력은 사업주들에게도 좋은 일이요, 열악한 노동환경으로 고달픈 이주노동자들에게도 분명 도움이 되는 정책입니다.

40~50년 전 우리도 외화를 벌기 위해 독일로 중동으로 베트남으로 인력을 수출했던 과거가 있습니다. 그 외화 수입을 기반으로 한국은 괄목할 만한 경제성장을 이루었고, 외국인들은 이것을 '한강의 기적'이라 불렀습니다.

반세기가 흐르고 우리는 역으로 외국 인력을 공급받는 위치가 되었습니다. 우리가 외화 수입을 통해 경제성장을 이루었듯이 국내 외국인노동자들의 본국으로의 송금은 아시아 국가의 경제성장에 큰 밑거름이 될 것입니다. 이런 차원에서 한국은 아시아의 개발도상국 발전에 일정 부분 한몫을 하고 있는 것입니다.

외국인노동자의 경우 최장기 4년 10개월을 한국에서 일할 수 있습니다. 그 뒤로는 한국 법률상 영주권을 취득할 수 없으므로 본국으로 돌아가는 절차를 밟습니다. 귀국 후 이들은 자국 내 한국 기업에 고용되어 본국에서도 한국을 위해 일하며 한국과의 깊은 인연을 이어 갑니다. 한국에 와서도 일하고 자국으로 돌아가서도 한국을 위해 일하는 것입니다.

결국 끝까지 한국과 인연을 맺고 살아가는 외국인노동자들을 단순히 5년간 제공되는 값싼 노동력이라는 근시안적인 시각으로 볼 것이 아니라 평생 한국과 동반자 관계를 형성할 귀한 존재로 인식하는 중장기적인 안목이 필요하다 하겠습니다.

이것은 결국 서로에게 유익하며 한국의 국익에도 도움이 되는 일입니다. 정부와 생산업체 고용주가 이러한 안목을 갖고 외국인노동자들을 대한다면 그들의 인권과 복지가 차츰 향상될 것이고, 그 결과 그들도 한국에 대한 좋은 감정으로 친한 세력이 되어 한국에 유리하게 작용할 것이기 때문입니다.

결론적으로 정부는 아시아 국가 출신 노동자들을 잠시 한국을 거쳐 가는 손님으로 볼 것이 아니라 평생 한국인들과 살아가는 동반자 관계로 보고 중장기적인 접근이 필요한 때입니다.

13

100만 외국인노동자들
왜 억울한가?

1. 많은 사람들이 외국인노동자를 밀입국자나 불법체류자로 인식하고 있는데 이는 사실과 전혀 다릅니다. 한국 정부와 MOU를 체결한 16개 국가에서 연 20~30만 명의 인력을 공급받고 취업비자는 최장 4년 10개월을 주는데, 5년 이상이 되면 영주권을 부여해야 하기 때문입니다. 중소기업중앙회는 매년 일손 부족으로 외국 인력 쿼터를 늘려 달라고 정부에 주문하고 있는 실정입니다.

2. 이들은 노동부와 법무부가 합법적으로 관리하고 있으며, 세금도 내고 4대 보험도 적용하고 있는데 오히려 세금 혜택도, 의료 혜택도 못 받고 있습니다. 왜냐하면 장시간 근무와 휴일 병의원 휴무로 의료기관을 이용할 수 없기 때문입니다. 건보공단은 매년 외국인 건보 흑자를 내고 있을 정도입니다. 2021년 외국인 건강보험 가입 자

격별로는 직장가입자가 1조 1,145억 원, 지역가입자는 4,648억 원을 보험료로 각각 부담했습니다. 이들 외국인이 지난해 이렇게 낸 보험료를 바탕으로 병의원이나 약국 등 요양기관을 이용하고 건강보험에서 보험급여로 받은 전체 금액은 1조 668억 원으로 전체 외국인이 건보료로 낸 돈보다 보험급여를 적게 받음으로써 건보공단은 5,125억 원의 재정수지 흑자를 봤습니다.

그동안 외국인 건보 재정수지는 해마다 흑자를 거두었습니다. 외국인 재정수지 현황을 보면 2018년 2,255억 원, 2019년 3,658억 원, 2020년 5,729억 원, 2021년 5,125억 원의 흑자를 내 4년간 총 1조 6,767억 원의 누적흑자를 기록했습니다. 100만 명의 이주노동자들은 그렇게 꼬박꼬박 보험료를 납부하는데도 장시간 노동과 병의원 일요일 휴무로 의료 사각지대에 방치되어 민간단체가 인도적인 차원에서 의료 서비스를 진행하는 비상식적인 상황이 개선되지 않는 이유는 정부의 외국인 홀대 정책에 기인하기에 정부는 이주외국인에 대한 새로운 시각으로 반드시 해결 방안을 찾아야 합니다.

3. 불법체류자 대부분은 정부 간 무비자 협정에서 비롯되는 것인데 잘못된 인식과 오해로 애먼 외국인노동자들이 다 뒤집어쓰고 욕을 먹고 있습니다. 그런데도 관계부처는 사실관계를 명확히 하려는 노력은 고사하고 엉뚱한 이들이 억울하게 불법체류자나 범죄자 취급을 받아도 수수방관하고 있습니다.

4. 외국인노동자들은 한국인들이 기피하는 3D 블루 직종에만 취업이 제한되어 있음에도 한국인 일자리, 청년 일자리를 빼앗는다는 유언비어가 현실을 호도하고 있습니다.

5. 이들은 한국 정부가 필요에 의해 합법적으로 데려오고 세금도 부과하면서 정작 세금 혜택은 받지도 못합니다. 3D 업종을 책임지는 고마운 존재임에도 일자리를 빼앗는 나쁜 사람들, 불법체류 범죄자 취급을 당하는 황당한 현실에 관계부처는 굳게 입을 다물고 있어 이들을 더 억울하게 만들고 있습니다.

6. 이들이 없으면 당장 공장 문을 닫아야 하고, 농축산어업은 붕괴되는 것이 막을 수 없는 현실인데도 이들을 몰아내야 한다는 어처구니없는 막가파 주장에 정부는 사실관계를 명확히 홍보하려는 노력조차 하지 않습니다.

7. 이들의 임금을 차등 적용하자는 주장은 현행법과 국제법에 위반될 뿐 아니라 오히려 한국 노동시장의 붕괴를 초래한다는 사실을 알아야 합니다. 이는 외국의 사례들에서도 충분히 확인할 수 있으며, 우리는 그 교훈을 잊지 말아야 합니다.

8. 외국인노동자들은 현지 국가에서도 중상위층만 올 수 있는 구조라 이들은 외교, 통상, 무역, 문화, 체육, 종교 등 다각적으로 협력해야

하는 외교 파트너라는 사실을 인식해야 하며, 중장기적인 정책 수립과 이민국가까지 넓게 고려해야 합니다.

9. 결국 이들이 억울한 차별과 부당한 처우를 받고 있는 것은 정부 관계부처의 무능과 무책임이 낳은 결과입니다.

14

이주외국인에 대한
거짓 유언비어들

다문화에 대해 잘못 알려진 내용들을 살펴보고 사실관계를 바로
잡아 올바른 인식을 정착시켜야 합니다.

Q1. 대한민국에 거주하는 이주외국인이 250만 명에 이르렀습니다.
10년 만에 두 배로 늘었는데요. 계속 더 증가할까요?

A. 네, 한국에 3개월 이상 장기 체류하는 이주외국인이 250만 명
을 넘었습니다. 주로 이주노동자, 국적 취득 전의 결혼이주여
성, 유학생, 외국인 공관 등인데, 매년 약 10%씩 늘고 있는 추
세로 정부는 500만 명까지 예상하고 있습니다.

Q2. 우리와 함께 사는 외국인들은 계속 증가하는데 다문화에 대한
오해도 그만큼 많은 것 같습니다. 사회 통합 차원에서 이를 시

정해야 한다는 목소리가 높은데, 어떻게 생각하시나요?

A. 다문화에 대해 오해하는 부분이 많고, 이것이 확대 재생산되는 경향이 강화되어 사회 통합 차원에서 이를 시정하는 노력이 필요합니다. 우선 외국인노동자들이 내국인의 일자리를 빼앗는 다는 유언비어가 사실처럼 퍼지고 있습니다. 이주노동자는 현재 100만 명으로 이 중 약 30만 명이 고용허가제라는 공식 제도를 통해 E-9 비전문 취업비자로 입국한 인력입니다. 70만 명은 F-4 재외동포비자를 발급받아 취업을 하고 있습니다.

Q3. 외국인 고용허가제가 시행된 지 10년이 넘었는데 현재는 어떻습니까?

A. 한국 정부와 MOU를 체결해 외국인 고용허가제를 통해 인력을 수급하는 국가는 16개국입니다. 다 가까운 아시아 국가이고, 매년 양국 간 협의를 통해 쿼터제로 인력 수급을 조정합니다. 이들은 국내의 인력이 부족한 중소제조업체와 농축산어업 분야의 3D 업종으로 취업군이 한정되어 있어 내국인과 취업 충돌이 발생하지 않습니다. 외국인노동자들이 화이트 직종, 즉 사무직에 취업하는 게 아닙니다. 일손이 부족한 300인 이하 중소제조업체와 인력난이 심각한 농어촌에 대체 인력으로 충원되는 것이지, 내국인 취업 시장을 빼앗는 것이 결코 아닙니다. 사실과 전혀 다른 이런 유언비어는 사실관계를 반드시 바로잡아야 합니다.

Q4. 이주노동자들이 내국인 일자리를 빼앗는 것이 아니군요? 그런데 왜 이런 잘못된 내용이 계속 유포되어 외국인 혐오까지 확대되는지 염려스럽네요.

A. 정부 간 MOU를 체결해 운영 중인 외국인 고용허가제는 10년이 넘었고, 제도가 잘 정착되어 성공한 케이스로 정부도 자평하고 있습니다. 외국인 선발부터 출국까지 노동부가 다 관여하기 때문에 몇 가지 제도적 문제는 있지만 대체적으로 잘 정착된 제도입니다. 결국 국내 실업률이나 청년 실업률과 외국인노동자는 무관합니다. 중소제조업체나 농축산어업 분야는 인력이 턱없이 부족한데도 취업을 꺼리는 3D 블루 직종이기에 어쩔 수 없이 외국 인력을 투입하는 것인데, 이들이 국내 일자리를 빼앗아 실업률이 높아진다는 것은 사실과 전혀 다른 이야기입니다. 이런 잘못된 정보들에 대해 정부는 적극적으로 사실관계를 알려 바로잡는 노력이 필요합니다.

Q5. 불법체류자 문제도 오해하고 있는 부분이 많은 것 같은데요. 이들은 범죄자니까 다 추방하라는 목소리도 많지 않나요?

A. 불법체류자는 초과체류자, 미등록 노동자라고 부르는데, 이들은 비자 만기를 초과한 것이지 범죄자가 아닙니다. 출국 시 초과체류 과태료만 내고 출국하면 되는데, 벌금이 몇 백만 원 정도입니다. 그래서 원래는 불법체류가 아니라 초과체류라는 용어를 사용해야 하는데 이 부분도 정부가 소홀히 하고 있습니다.

불체자 문제는 고용허가제의 사업장 이동과 관련해 어쩔 수 없이 발생하는 제도적 허점을 개선하면 현재 10% 정도는 줄일 수 있다고 봅니다. 또 중국이나 태국과는 무비자 입국제도를 적용하고 있어 여기서 초과체류자가 발생하는 부분도 있습니다만 불체자를 범죄자 취급하는 것 역시 잘못된 것입니다.

Q6. 미국에도 한국인 불법체류자, 말씀대로 초과체류자들이 많지 않습니까? 미국과 한국을 비교하면 어떻습니까?

A. 미국 내 한국인 불체자는 17만 명 정도입니다. 이들을 한인 범죄자로 취급하진 않잖아요? 또한 이들을 다 한국으로 추방하라고 주장하지도 않죠? 미국은 전 세계 이민국가로 아메리칸드림을 꿈꾼다면 누구나 미국행이 가능합니다. 초과체류자 역시 범죄사실이 없으면 영주권도 주고 시민권도 주는 나라입니다. 불체자가 범죄자가 아닌 잠재적 국민이란 관점이죠. 이런 면에서 우리 사회도 이민사회로 전환해야 한다는 여론이 있습니다. 저출산 고령화 문제와 관련해 이민국가가 대안이고 또한 경제성장에도 보탬이 된다는 유럽의 경험이 뒷받침하고 있는데 다음에 이 부분에 대해서 좀 더 자세히 말씀을 나누도록 하겠습니다.

Q7. 이런 잘못된 내용들이 계속 유포되고 있는 건 우리 사회가 아직도 순혈주의나 민족주의가 강해서 다문화를 잘 받아들이지 못하는 것은 아닌가요?

A. 그렇습니다. 한국인 750~800만 명이 전 세계에 나가 살고 있습니다. 이민이든 유학이든 사업이든 공관이든 많은 한국인들이 전 세계에 살고 있고, 한국에는 250만 명의 외국인들이 살고 있는데 지구촌 시대, 글로벌, 세계화라는 말이 무색할 정도로 한국은 외국인 차별이 심한 나라입니다. 말씀대로 지형적인 반도국가로 세계와 교류하는 데 불리한 구조에서 순혈주의나 민족주의를 강조하다 보니 세계주의 관점이 부족한 것도 이유 중 하나입니다. 또 모든 외국인을 혐오하는 게 아니라 백인을 제외한 흑인이나 제3세계 출신 유색인종들에 대한 차별이 심각합니다. 우리보다 가난한 나라 출신이라는 상대적 우월감이 작용하지 않았나 싶어 깊이 생각해볼 문제입니다.

Q8. 외국인 차별이나 혐오를 극복하기 위한 대안은 무엇이라고 생각하십니까?

A. 이를 극복하기 위해서는 어릴 때부터 차별과 편견을 없애고 모든 인간은 평등하며 가치 있는 존재라는 사실과 인류애, 세계는 하나라는 세계주의, 다문화 교육이 강화되어야 합니다. 정부 차원에서도 잘못된 내용들은 그때그때 바로잡고 시정하는 다양한 노력을 해야 하고요. 언론에서도 잘못된 내용을 시정해 유언비어의 확대 재생산을 막고, 사회적 위화감과 이질감을 조성하거나 사회 통합을 방해하는 요소들을 바로잡을 필요가 있습니다. 그래야 우리도 외국에서 차별받지 않는다는 역지사지의 관

점도 필요합니다. 국내 체류 외국인들이 본국으로 돌아갈 때 친한파가 되느냐, 반한파가 되느냐는 우리가 하기에 달린 문제입니다. 우리와 함께 살아가고 있는 250만 거주외국인들이 외국인이라는 이유로 차별받는 일이 없는 건강한 사회가 되도록 우리 모두의 노력이 필요합니다.

15

다문화가
애국인 이유

다문화를 지원하는 사람들은 인권팔이도 감성팔이도 아닌 진정한 이 시대의 애국자들입니다!

외국인노동자들이 월급을 받으면 60%는 본국으로 송금하고 40% 인 연 10조 원은 국내에서 소비하는데, 그래서 60%는 한국이 손해라고 주장하는 사람들이 있습니다. 우물 안 개구리가 아닐 수 없습니다. 송금한 돈으로 본국에서 집을 짓기도 하고 사기도 합니다. 코리안드림으로 번 돈으로 집 안을 채울 TV며 냉장고, 세탁기, 에어컨, 컴퓨터, 자동차, 침대, 식탁 등을 장만할 때 어느 나라 제품을 살까요?

한국에 거주할 때 친한 세력이 되면 돌아가서도 당연히 한국 제품을 사고 한국 홍보대사가 될 것이며, 반한 세력으로 출국하면 한국과는 영원히 안녕일 것입니다. 넓게 보면 왜 한국 거주 외국인들에게 관심을 두어야 하는지 답이 금방 나옵니다.

외국인노동자, 결혼이주여성, 유학생들이 친한 정서를 품을지 반한 정서를 품을지는 그들이 한국에 거주할 때 한국 정부와 한국인들을 보고 결정됩니다. 결국 이들을 한국 제품 소비자로, 한국의 홍보대사로 만들 기회를 잘 살리느냐 못 살리느냐는 한국 정부의 외국인 정책이 관건입니다.

일례로 인구 3억 인도네시아에 한국 자동차 점유율은 1%도 안 되고 일본 차 점유율은 90%를 넘습니다. 거꾸로 99%의 시장이 기다리고 있다는 것을 깨달을 때 왜 외국인 문제에 관심을 두어야 하는지 이해할 수 있을 겁니다. 그래서 다문화에 종사하는 사람들이 애국자인 것입니다.

16

이주노동자는 없는
세계노동절

세계노동절을 맞아 이주노동자들의 인권을 생각한다!

현재 100만 명의 외국인노동자들이 우리 사회의 부족한 인력난을 해결하고 있습니다. 중소제조업, 서비스업, 농축산어업에 이르기까지 이들의 존재는 매우 중요하고 소중하기까지 합니다. 그러나 아직도 가난한 출신 국가와 피부색 때문에 차별과 편견 속에서 고통받고 있습니다.

근절되지 않는 임금 체불, 산업재해의 과노출, 건강권 부재, 생활·문화·종교 등의 차이로 인한 부적응, 현 제도의 문제점 등 이들이 겪는 고충은 한두 가지가 아닙니다. 고향을 떠나 머나먼 이국땅에 코리안드림을 꿈꾸며 왔으나 한국 사회가 이들을 대하는 태도는 인간이 아닌 일하는 기계요, 차별 어린 시선은 이들에게 심적 고통을 가중하고 있습니다.

힘든 노동에 지치고, 사업장에서 다치고, 병원에 가고 싶어도 갈 시간이 없고, 입맛에 맞는 음식도 먹지 못하면서 하루하루 힘든 나날을 보내고 있는 이들에게 우리 정부와 한국 사회의 노력이 턱없이 부족하지 않나 반성하게 됩니다.

정부의 제도와 정책이 이들의 노동권과 사회권, 건강권을 모두 보장하고 있는 듯하나 실제로 누리는 혜택은 거의 없는 것이 현실입니다. 세계노동절을 맞아 모든 이주노동자들의 인권 보호, 평등 보장, 다문화 사회 구현을 위해 정부는 좀 더 다각적이고 중장기적이며 현실성 있는 제도와 정책을 수립해 이들이 체류하는 동안 고충 없이 잘 생활할 수 있도록 노력을 경주해야 할 것입니다.

21세기 진정한 세계화와 국제화는 우리와 공존하고 있는 이주노동자들이 인간의 존엄성을 보장받고, 차별 없이 대우받으며 일할 수 있는 사회가 될 때 실현될 수 있습니다.

세계노동절을 맞아 내국인들이 기피하는 3D 업종을 책임지는 고마운 100만 외국인노동자들을 다시 생각합니다. 결국 이들과의 상생 전략이 국익에도 보탬이 되고 아시아 평화경제공동체도 이룰 수 있습니다. 값싼 노동력을 쓰고 버리는 근시안적인 현재의 정책에서 멀리 보고 넓게 보는 중장기적인 거시 정책으로 변화해야 모두가 윈윈할 수 있습니다.

✦17✦

UN 세계 인종차별 철폐의 날을 맞아

매년 3월 21일은 UN이 정한 세계 인종차별 철폐의 날입니다. 2011년 부산에서 귀화한 우즈베키스탄 출신 이주여성이 피부색이 까맣다는 이유로 목욕탕 주인에게 입욕을 거부당하고, 리틀 싸이로 알려진 황민우 군은 엄마가 베트남 출신이라는 이유로 각종 악성 댓글과 친구들의 따돌림에 시달린 일이 언론에 크게 보도되면서 충격을 안겨주었습니다.

이런 차별을 받는 국내 거주 외국인이 250만 명입니다. 이들 대부분은 가난한 아시아 국가에서 코리안드림을 꿈꾸며 건너와 이주노동, 이주결혼, 유학 등의 형태로 국내에 체류하고 있는 외국인들입니다. 이들이 한국 생활에서 가장 스트레스를 받는 것은 가무잡잡한 피부색을 바라보는 차가운 시선입니다. 이주노동자들은 공장에서, 이주여성들은 취업 전선에서, 다문화 가정 자녀들은 학교에서 여전히 차별과 편견에 신음하고 있습니다.

3월 21일 세계 인종차별 철폐의 날을 맞아 백인과 유색인을 가르며 차별하는 시선과 편견이 얼마나 잘못된 것인지를 반성하기 바랍니다. 인종, 성별, 종교, 문화, 나이, 장애 등으로 차별하지 않고 모든 사람을 있는 그대로 존중하며 이해하고 대우하는 성숙한 다문화 사회를 만들기 위해 각 분야에서 다양한 노력이 이루어지길 간절히 소망합니다.

대전외국인 복지관의 사례들

태어나서
바다를 처음 봐요!

대전외국인복지관 16년째 외국인 바다체험행사 가져

대전이주외국인종합복지관은 8월 3~4일 이틀간 아시아 16개국에서 온 외국인노동자, 결혼이주여성, 다문화 가족, 유학생 등 400여 명이 참여하는 한국바다체험행사를 보령머드축제장에서 개최했습니다.

복지관이 16년째 진행하는 바닷가 나들이는 이주외국인들이 제일 좋아하는 한국 문화 체험으로 김봉구 관장은 "장시간 노동과 육체 피로에 시달리는 외국인노동자와 고향을 떠나 시집온 결혼이주여성, 다문화 가족들이 여름 바다를 찾아 즐거운 시간을 보내며 한국에서 행복한 추억을 만들게 되어 기쁩니다"라고 소감을 밝혔습니다.

바닷가 나들이에 참여한 네팔 출신 외국인노동자는 "네팔에는 바다가 없어서 바다를 본 적이 없는데 한국에 와서 이렇게 바닷가에 오니 정말 좋아요. 스트레스가 다 풀려서 더 열심히 일할 수 있을 것 같아요. 고마워요"라고 기쁜 마음을 전했습니다.

다문화 가정에
사랑의 김장김치 나눔 행사

(사)러브아시아-대전외국인복지관(이사장 김동현 감독)은 매년 다문화 가정에 김장김치 10kg 500상자를 나눠주는 행사를 이어 왔습니다. 물가도 오르고 경제적으로 힘든 시기에 사랑의 손길에 힘입어 올해도 다문화 가정에 김장김치를 나눌 수 있었습니다.

2명의 자녀를 홀로 돌보고 있는 중국 이주여성 리징리앙 씨는 "가족들이 모두 김치를 좋아하는데 생활이 어려워 고민 중이었어요. 이렇게 김장김치를 주셔서 이번 겨울은 한시름 놓았어요"라며 감사의 마음을 전했습니다.

복지관 관계자는 "많은 취약계층 다문화 가정이 김장김치를 원하지만 더 많은 분들과 나누지 못해 안타깝습니다. 매년 최선을 다하고 있지만 후원은 줄어만 갑니다. 더 많은 다문화 가정과 나눌 수 있도록 많은 후원 기대하며, 후원해주신 모든 분께 감사합니다"라고 밝혔습니다.

복지관은 결혼이주여성, 이주노동자, 다문화 가족들에게 법률 상담, 무료 진료, 한국어 교육, 취업 및 창업 교육, 다문화 아동 교육 등 다양한 복지 서비스를 특별한 정부 지원 없이 2002년부터 20년째 이어오고 있으며, 2019년 한국의 노벨상이라 불리는 호암상 사회봉사상을 수상했습니다.

✦ 김장김치를 후원해주신 고마운 분들입니다.
하나은행 대전본부, 한전원자력연료, 한국전자통신연구원, 소상공인시장진흥공단, 박성효 전 대전광역시장, 손종학 하나은행 사외이사, 김현미 연세대 교수, 이정순 목원대 교수, 황선영 약사, 김완구 센터장, 안산명성교회(김홍선 목사), 남부제자들교회(강진구 목사), 합덕감리교회(김은열 목사), 향린교회(김희헌 목사), 보문교회(김진태 목사), 중촌교회(홍이석 목사), 청주에덴교회(호은기 목사), 유성 은혜교회(이상민 목사), 조정진 목사, 고무신학교, 먹거리나누기협의회, 윤희경 사회가치본부장, 가치한입-한국원자력통제기술원, 이종욱 조달청장, 김선미 교사, 이경혜.

다문화 가족 초청
'성탄 전야제'

대전 하늘빛교회(박해범 담임목사)는 2022년 12월 24일 (사)러브아시아-대전외국인복지관 소속 외국인노동자와 다문화 가족을 초청해 성탄전야행사를 함께 진행했습니다. 다문화 가족을 위해 준비한 정성스러운 만찬과 함께 상품권, 제과 등 성탄 선물을 전달하며 격려했습니다. 행사에는 초청 가수 '힐링남녀'의 공연 등이 펼쳐져 이주민들도 즐거운 시간을 가졌습니다.

이날 박해범 담임목사는 "기쁜 성탄절에 먼 타국에서 온 이주노동자와 다문화 가족을 섬길 수 있어 감사하고, 교우들도 함께 의미 있는 성탄절이 된 것 같아 뜻깊은 날입니다. 모든 분께 아기 예수님의 평화와 은총이 가득하길 기도하며 축복합니다"라고 전했습니다.

네팔에서 온 이주노동자 치트라 씨는 "네팔에는 크리스마스가 없는데 한국에 와서 이런 행사에 친구들과 참여하니 좋은 추억이 생겨

기쁘고, 교회에서 음식과 선물까지 주시니 행복합니다"라며 감사의
뜻을 전했습니다.

필리핀에서 시집온 제니퍼 씨는 "성탄절은 필리핀에서 제일 큰 축제라 고향 생각도 많이 나는데 오늘 가족들, 친구들과 고향에서처럼 흥겨운 시간을 갖게 되어 정말 고맙습니다"라고 소감을 밝혔습니다.

대전외국인복지관 김수환 목사는 "코로나로 어두웠던 시간을 뒤로하고 이주민들을 초대해 즐거운 시간을 보낼 수 있어 감사합니다. 외롭고 힘든 타국 생활을 하고 있는 전국의 250만 이주외국인들도 늘 기쁘고 행복할 수 있도록 전국 교회에서 이방 나그네 선교에 많은 관심을 기울이면 좋겠습니다"라며 행사의 의미를 되짚었습니다.

·04·

한국의 노벨상인 호암상
사회봉사상 수상

사단법인 러브아시아는 2002년 어려운 외국인노동자들을 돕기 위

해 대전외국인노동자지원센터와 쉼터로 출발해 무료진료소, 결혼이주여성지원센터, 다문화 어린이도서관, 다문화 레스토랑, 외국인복지관 등 대전 충청 지역의 거주외국인들을 지원하기 위한 다양한 노력을 기울여 왔습니다.

16년간 27개 국가 출신 외국인 25,207명에게 다양한 법률 상담을 지원해 이들의 고충을 해결해주었고, 무료진료소를 통해 34개 국가 출신 외국인들에게 4만여 건의 무료 진료 서비스를 제공해 왔습니다.

2005년 4명의 의료진이 시작한 무료진료소는 2019년 현재 600여 명의 의료 봉사자가 참여할 정도로 확대되어 의료 사각지대에 놓인 외국인들에게 인술을 통해 인류애를 실천하고 있습니다.

이렇게 작은 불씨가 큰 불로 확대되듯이 러브아시아는 17년간 정부 지원 없이 민간의 자원봉사와 후원으로 수많은 외국인들을 섬겨 왔으며, 갈수록 자원봉사로 참여하는 이들이 많아져 건강한 지역사회와 공생의 다문화 사회를 일구는 데 일조하고 있습니다.

현재 국내 거주 외국인은 230만 명, 이 중 100만 명의 외국인노동자들이 한국인이 기피하는 3D 업종에 종사하며 산업 역군의 역할을 감당하는 고마운 존재임에도 불구하고 제3세계 출신이라는 이유로 편견에 찬 따가운 시선에 고통받고 있으며, 장시간 근무로 제대로 된 의료 서비스를 받지 못하는 처지에 있습니다. 한국으로 시집온 30만 결혼이주여성들 역시 한국의 강한 민족주의 앞에서 배척당하고 그 자녀들까지 차별받는 현실이 개선되지 않고 있습니다.

모든 인간은 피부색, 인종, 종교, 국가 등 그 어떤 이유로도 차별해서는 안 된다는 평범한 상식이 지켜지는 사회가 건강한 선진 다문화 사회라고 생각합니다. 국내 거주 230만 외국인들과 함께 더불어 잘 살아가는 행복한 평등 공동체, 평화로운 사회를 구현할 때 비로소 대한민국의 국격이 한 단계 향상되고, 아시아 공생공영과 세계 평화의 기틀이 마련됩니다.

(사)러브아시아-대전외국인복지관
제29회 호암상 사회봉사상 수상
2019. 5. 31. 호암아트홀

예수님이 한 어린아이에게 한 것이 곧 내게 한 것이라는 말씀처럼, 우리와 함께 살아가는 외국인 주민들을 배척하지 않고 따스한 손길과 눈길로 대하는 것이 곧 예수님을 대하는 것이라는 생각으로 우리 러브아시아에 속한 모든 사람이 더 겸손히 섬기고 나누고 베풀어서 모두가 공생하는 행복한 다문화 사회를 만들어가는 데 더 노력하겠다는 말씀으로 수상 소감을 대신하고자 합니다.

우리 사회가 좀 더 성숙한 다문화 사회가 될 수 있도록 더 노력하고 더 섬기며 분발하겠습니다. 감사합니다.

✦05✦

난민 문제,
한국 사회 더 성숙해지는 계기로 삼아야

2018년, 제주 난민을 반대하는 목소리가 높습니다. 우리나라 글로벌 감수성의 현주소를 보여주는 대목입니다.

우리 국민 800만이 전 세계 각국에 나가 살고 있고, 우리나라에는 220만 이주외국인들이 들어와 살고 있습니다. 난민과 다문화를 반대하려면 먼저 전 세계에 살고 있는 800만 동포를 다 귀국시켜야 한다고 주장하는 게 합리적이지 않을까요? 우리는 한민족이라 이민도 가지 말고, 외국인도 받지 말고, 난민도 받지 말고, 우리끼리만 여기 모여서 살아야 한다고 외치고 싶은가요?

우리는 지금 지구촌 마을에 살고 있습니다. 800만이 원하는 나라에 가서 자유롭게 사는데 우리는 아직도 이민국가임을 인정하지도 않고, 난민 허용도 신청자의 2%밖에 안 되는 폐쇄적인 국가입니다. 한평생 천년만년 사는 것도 아니고, 아침 이슬처럼 왔다가 물안개처럼 사라지는 나그네 인생입니다. 누구나 똑같은 인간의 숭고한 생명 앞에 너희 나라, 우리나라를 따지는 사고는 대체 어디서 나온 것인가요?

예멘 난민을 반대하는 이유는 이들이 이슬람이기 때문입니다. 이슬람은 IS처럼 다 극단주의자들이라고 생각하기 때문입니다. 물론 IS와 같은 극단주의는 배격해야 합니다. 그러나 모든 무슬림을 배격해서는 안 됩니다. 유럽에서 발생한 무슬림들의 문제는 사회 약자 제도를 풀어가야 할 과제이지 부풀려서 왜곡할 일은 아닙니다.

목욕물만 버려야지 아기까지 버려서는 안 됩니다. 중국만 해도 무슬림이 5천만 명이요, 인도네시아는 3억, 말레이시아 3천만, 방글라데시 1억 5천, 파키스탄 2억, 인도도 3억이 넘습니다. 중동도 다 이슬람으로 한국과 가까운 아시아에 이슬람이 많아 우리 정부는 이들 국가와의 외교적인 부분까지 감안하는 면밀한 접근이 필요합니다.

서울 한남동에 중동 대사관들이 있고, 현지에는 우리 대사관들도 있습니다. 그런데 한국은 이슬람을 접할 기회가 적어 이들을 전부 과격분자로 오인하다 보니 난민 반대 여론이 형성되고 있습니다. 이슬람에 대한 무지와 오해가 소탐대실로 이어질 수 있다는 점이 우려스럽습니다. 그동안 국내에 거주하는 무슬림들이 사회 문제를 야기한 적이 없음에도 불구하고 이들을 잠재적인 사회 불안 요소로 색안경을 끼고 보는 것은 도를 지나친 것이요, 이들 국가들과의 국제 관계와 외교통상 측면에서도 득이 될 게 없습니다.

문제는 법무부 등 정부가 오랜 기간 난민 문제에 대해 보수적인 정책으로 일관해 왔기 때문에 제주 난민 문제에 특단의 조치를 기대하기는 어렵다는 것입니다. 정부에 주문한다면 법무부 등이 넓은 시야를 갖고 다방면에서 국익에 보탬에 되는 큰 그림으로 접근할 것을 요청하고 싶습니다. 기존의 우물 안 개구리식 접근은 소탐대실로 이어진다는 점을 깊이 고민하기 바랍니다.

인기영합적인 결론도 반대합니다. 난민 문제를 통해 우리 사회가 얼마나 타 문화에 무지한지를 깨닫고, 부실한 교육의 면면, 부족한 다문화 감수성, 좁은 국제외교통상 관점, 폐쇄적인 이민 정책 등 부족한 부분들이 드러난 만큼 이를 어떻게 해결할지 과제를 안겨주었다는 점은 긍정적이라 할 만합니다. 이 과정을 지혜롭게 채워나간다면 한 단계 더 성숙한 글로벌 국가가 될 것입니다.

- 법무부는 저출산 고령화 문제와 관련해 이민국가로의 전환을 검토하고 국민 공감대 형성을 위한 시동을 걸어야 합니다. 지구촌 시대에 이민은 가면서 이민은 받지 않는 불평등하고 후진적인 국제 관계를 개선해야 합니다.

- 교육부는 실제적인 글로벌 교육을 강화하여 인간의 존엄성과 인류애, 민족을 초월한 세계시민의식과 문화 다양성을 함양해 세계평화주의자를 양성하는 것이 결국 올바른 인간 교육이요, 세계적인 인물을 배출하는 교육임을 인식해야 합니다.

- 국회와 청와대는 세계평화부 신설에 관심을 가져야 합니다. 우리끼

리만 살 수 없는 세상입니다. 세계와 긴밀한 협력을 통해 윈윈전략을 수립해야 합니다. 효과적인 ODA 사업을 통한 원활한 원자재 수급과 수출 판로 확대, 세계 일자리 확대, 개발도상국에 민주화와 산업화 이식을 추진하고 통일 이후의 큰 그림까지 그리는 평화부가 필요합니다.

- 종교계도 민족 우선주의를 극복하고 본래의 종교성을 살려 세계평화주의로 전환하기 위한 노력이 필요합니다. 이미 고령화, 정치화, 기득권화되었으며 종교인 감소 추세는 과속 페달을 밟고 있습니다. 세계평화부 신설조차 주장하지 못하는 종교계는 스스로 사망 선고를 내린 것입니다. 세계종교의 인류 보편적 가치인 생명, 평화, 자유를 민족 안에 가두는 민족종교로는 국민의 리더 역할을 할 수 없습니다.

난민 반대,
하나는 알고 둘은 몰라

땅끝 선교, 새로운 개념 정리와 새로운 패러다임 필요해

기독교 쪽에서 다문화 특강을 하다 보면 항상 이슬람이나 무슬림에 대한 부정적인 질문을 받곤 합니다. 그러면 이렇게 대답합니다.

"저는 그들이 무슬림이어도 진료해주고, 상담해주고, 교육해주고, 주고 주고 주고 끝없이 줍니다."

한국 사회와 한국 교회에서 사랑을 받은 이들 이주외국인들은 한국에 대한 좋은 감정으로 친한 세력이 되어 본국 이슬람 국가로 돌아가 현지에 사는 한국인들과 한인 교회의 방패막이 되어줍니다.

또한 한국 제품의 소비자가 됩니다. 한국의 홍보대사가 됩니다. 우리에게 받은 짧은 사랑, 그들은 본국에 가서 평생 되갚습니다. 그런 그들을 부정적으로 대해야 할까요? 되로 주고 말로 받는 남는 장사입니다. 주는 건 손해라는 생각은 하나는 알고 둘은 모르는 어리석음입니다.

구약성서의 출애굽기 22장 21절은 "이방 나그네를 압제하지 말며 그들을 학대하지 말라"라고 가르치고 있습니다. 오히려 이들을 섬기라고 말씀하십니다. 섬김으로 축복받은 인물들은 얼마든지 많이 있습니다. 예수님도 선한 사마리아인 비유를 통해 강도 만난 이웃이 되라고 하셨습니다. 일부 기독교가 이방나그네를 반대하는 것은 비성서적이요, 반그리스도적인 태도입니다.

한국의 외국인 정책도 하나는 알고 둘은 모르는 근시안적인 정책으로, 반드시 개선되어야 합니다. 조금만 신경 써주면 이들은 평생 한국 제품의 소비자가 되고, 한국의 홍보대사가 됩니다. 이것이 고부가가치입니다. 난민을 반대하는 건 당장에 손해를 안 보겠다는 심산이지만 이들을 사랑으로 포용하면 이들은 더 큰 은혜로 되갚습니다.

멀리 보고 넓게 보면 주는 게 결국 남는 것입니다. 매주 일요일이면 대전외국인무료진료소에 예멘이나 시리아 친구들이 여럿 찾아옵니다. 이들이 이곳에 오기 시작한 것은 2018년부터입니다. G-1 난민은 제주도에만 있는 게 아니라 전국에 다 있습니다. 그래서 제주만의 문제로 생각해서는 안 됩니다. 이들 모두 한국바다체험행사에 함께 가기로 했습니다. 한국 바다를 보고 싶다고 합니다. 이렇게 우리는 이웃이 되어갑니다. 이것이 글로컬입니다.

내가 사는 곳에서 세계인을 만나는 경험은 어느 지역이든 어느 분야든 어느 교회든 다 가능합니다. 이것을 시도해야 지구촌 시민이 되고 우리 사회가 글로벌해집니다. 대전에만 외국인 주민이 3만 명이 넘습니다. 이들과 친구가 되는 것이 글로벌 + 로컬입니다.

필자가 만나는 국가는 30개국 정도입니다. 이들 나라에 가면 전국 어디든지 홈스테이가 가능합니다. 이것이 국제 교류 협력입니다. 국내 220만 이주민과 국가가 이런 네트워크를 활용하는 것이 우리 미래의 성장동력이요, 국제 외교, 통상, 교육, 문화, 종교, 산업에서도 글로컬 성과를 얻을 수 있는 길입니다.

해외에 나가지 않아도 우리는 이미 220만 국내 거주 외국인들과 글로컬하게 살 수 있는 환경이 마련되어 있습니다. 이 환경을 잘 활용하는 것이 정부의 몫이자 교회의 몫입니다.

땅끝까지 이르는 것이 땅끝 선교이지만 땅끝에서 온 이들을 섬기는 것 역시 땅끝 선교입니다. 우리가 가지 않아도, 주지 않아도 이미 온 220만 외국인들을 잘 섬기는 것 역시 땅끝 선교로, 한국 교회는 새로운 패러다임의 선교 전략을 모색해야 합니다.

07

대전을
다문화 세계도시로

　대전을 다문화 세계인 도시로 만들자는 제안을 오랫동안 대전시에 타진해 왔습니다. 대전은 교통의 요충지로 지리적 장점을 최대한 살릴 수 있고, 매년 전국 세계인 다문화 축제를 개최하기에 최적의 장소입니다.

　해마다 인도네시아 축제, 베트남 축제, 몽골 축제, 필리핀 축제처럼 한 나라만 테마로 축제를 열어도 전국에서 모두 모여듭니다. 예를 들어 필리핀 축제를 개최하고 필리핀의 유명 가수와 연예인, 예술인들을 초청하면 국내 거주 필리핀 사람들은 거의 다 옵니다. 필리핀 대사관과 이주민들은 다양한 부스를 운영해 직접 필리핀의 여러 문화를 소개하며 즐겁게 참여할 수 있고, 그 외 외국인이나 내국인들은 축제 때마다 다양한 나라의 문화를 체험하고 공부하며 글로벌 감수성을 키우게 됩니다.

행사 주체 국가만 참여하는 것이 아니라 전 세계에서 온 국내 250만 이주민을 대상으로 하는 세계 다문화 축제로서 다양한 국가 부스와 부대 행사를 선보일 수 있어 많은 외국인들이 대전을 해마다 방문하는 성과를 낼 수 있으며, 여기서 대전을 경험하고 자국으로 돌아간 외국인들과는 지속적인 관계망을 유지할 수 있습니다.

예산은 문화체육관광부(이하 문광부) 지역 축제 보조금으로 4~5억 원 정도 확보할 수 있으며, 외국인들은 축제의 장을, 내국인들은 글로벌 감수성 향상의 기회를, 대전시는 대전 방문의 효과를 당장 누릴 수 있는 실로 간단한 일입니다.

대전 관광 상품과 연계하고 1박 2일 체류형 축제라면 더욱 좋습니다. 5년, 10년 하다 보면 대한민국의 대표적인 세계인 축제로 자리매김할 수 있습니다. 대전시-교육청-문광부만 연계해도 저비용 고효율의 세계인 다문화 축제를 내년부터 당장 시작할 수 있습니다. 폐교나 유휴 공간을 활용한 지구촌 박물관 같은 시설의 견학도 좋고, 체험 숙박이 가능한 세계체험학습장과 세계 다문화 거리를 조성하면 수학여행과 외국인 인구 유입으로 지역경제와 시 재정에도 보탬이 될 것입니다.

08

기독교,
사회적 경제 정책 과제와 대안

대전 기독교교회협의회 &
대한예수교장로회 대전노회 공동 세미나 발제문

1. 독일, 일본, 한국의 사회 정책 비교

독일의 31,000개 디아코니아는 독일 교회의 재정과 인력만이 아닌 전폭적인 정부 지원으로 운영되고 있습니다. 독일 메르켈 총리 역시 중도우파인 기독민주당 출신이고 중도좌파 기독사회당과 연정 중이며, 대부분 유럽은 기독당이 우파나 좌파나 당연히 정치에 참여하고 있습니다. 성서와 종교개혁 사상을 바탕으로 한 독일의 만인사제론, 만인평등 사상이 사회 약자를 섬기는 일에 관심을 두는 이론이고, 교회와 민관 거버넌스를 통해 사회선교, 사회봉사 시스템이 왕성하게 전개되고 있습니다. 참고로 유럽에서 민족주의는 극우정당으로 분류됩니다.

독일 사회의 특징은 민간이 자생적으로 창조적인 디아코니아로 출발하면 정부가 행정, 재정, 인력 지원을 통해 뿌리 내리도록 하는 민간 중심의 민관 협력이 자리를 잡아 민간단체의 정착률이 높다는 것입니다. 반면 한국은 관 주도의 사회경제나 사회복지 시스템으로 한계가 있습니다. 이는 일본 것을 모방한 것으로 관 주도의 정책은 실패 확률이 높다는 약점이 있습니다.

결국 취약계층이나 작은 교회의 문제 해결은 독일식 민간 주도형으로 방향을 잡는 것이 좋습니다. 없는 사람일수록 정부와 협력 관계를 유지해야 지속성이 담보되기 때문입니다. 정부의 보여주기식, 관 주도, 실적 위주, 이런 것은 일본식이며, 그에 비하면 독일식이 더 바람직합니다. 이것을 사회복지와 사회 안전망이라 부르는데 한국의 사회복지 1년 예산은 150~160조 원 규모로 OECD 국가들의 절반 수준입니다. 여기서 공무원 연금, 공기업 복지 지원 등을 빼면 50~60억 원 규모로 더 줄어들어 사회복지 예산을 대폭 늘려야만 취약계층 등이 기본적인 삶을 영위할 수 있습니다.

사회 안전망은 계층 이동의 사다리로 취업 교육이나 직업훈련, 자활, 실업급여 등 다시 일어설 수 있도록 하는 제도이기에 정부의 노력이 꼭 필요합니다. 그러나 한국기독교교회협의회(KNCC)의 경우 이런 부분에 대한 명확한 판단과 이해 없이 관 주도의 사회적 경제, 마을기업, 마을목회 등의 방향으로 흘러가는데 이것이 생존율이 낮은 이유입니다.

2. 한국, 사회적 경제 현황과 문제점

민관 협력은 강점이 많은데 관 주도보다 민간 주도형이 결국 생존율이 높습니다. 역대 정부나 현 정부의 관치경제가 수십조의 예산을 쏟아부어도 효과를 볼 수 없는 것은 관치경제보다 시장경제가 경제 운용에 낫기 때문입니다. 현재 2000년 이후 최대 실업률을 기록하고 있으며, 세계 경제는 호황임에도 불구하고 한국은 불황의 늪에서 헤어나지 못하는 이유 역시 시장경제에 대한 기본과 세계 경제의 흐름에 대한 몰이해, 관 주도로 경제를 해결하려는 의식 탓입니다. 이는 경제 호황과 완전고용 상태를 누리고 있는 국가들의 흐름에 역주행하는 것입니다.

사회적 기업 역시 정부 지원이 끊기면 90%가 폐업하는 상황에서 실패한 정책을 계속 끌고 가고 있는데도 KNCC는 제동을 걸지 못하고 그저 편승하려는 것이 안타깝습니다. 진단과 처방을 통해 대안을 제기하고 정책 수정을 요구해야 하는 시기입니다. 대안이 없는 게 문제가 아니라 대안에 관심조차 없는 건 아닌지 모르겠습니다.

현 정부의 소득주도 성장 정책은 박근혜 정부 최경환 경제팀의 기조를 그대로 따르고 있는 것인데 이것을 초이노믹스라 불렀고 현재 4년 차 되는 정책입니다. 소득주도는 엄밀히 말하면 성장 정책이 아니고 분배 정책입니다.

소득주도가 나쁘다는 뜻이 아닙니다. 성장을 통한 분배가 지속적으로 이루어지기 위해서는 미국, 일본, 독일, 프랑스, 호주, 캐나다, 네덜란드 등 현재 완전고용을 유지하고 경기호황을 누리고 있는 국가들 정책의 공통점을 찾으면 됩니다. 해답은 이미 거기에 나와 있습니다.

가난한 사람들은 더 가난해지고, 부자들은 더 부자가 되는 양극화와 지니계수가 더 심화된 결과에 대해 문재인 대통령 정책 브레인들과 현 정부도 잘못을 시인하고 있습니다. 사회적 경제 역시 참여정부 때 공익형 일자리를 다 빼버린 이명박근혜 정부의 수익형만 유지하는 것으로 사실 예산 낭비일 뿐 성과를 내지도 못했고, 낼 수도 없습니다. 결국 예산 낭비로 국가와 국민의 피해일 뿐입니다. 그런데 KNCC나 지역 NCC는 정부 2중대 역할만 하려는 것 같아 안타깝습니다. 깊은 고민이 없어 제대로 대응하지 못하고 있는 실정입니다.

사회적 경제, 사회적 자본센터, 마을기업, 협동조합 같은 것들이 많습니다. 참여정부 때 일본을 모방한 것들인데, 문제는 정부의 역할을 민간에 떠넘긴 것입니다. 이전에는 공공근로사업이라는 것이 있었습니다. 지금도 있지만 노인, 장애인, 취약계층에게 길거리 청소 같은 일을 주고 최저생계비를 보장하는 것입니다. 이제는 너희도 수익을 창출해라, 최장 5년간 지원할 테니 협동조합을 만들어라, 마을기업을 만들어라, 사회적 기업을 만들어 취약계층도 대자본과 경쟁해 알아서 살아남아라! 이것이 현재의 사회적 경제입니다. 정부가 할 일을 민간에 전가한 것으로 현실적으로도 성공할 수가 없는 제도입니다.

다시 공공근로제처럼 정부가 책임져야 취약계층이나 청년, 노인, 여성들도 생존할 수 있습니다. 이것이 복지입니다. 없는 사람들이 모여 협동조합을 해본들 자본을 모을 수도 없고, 모은들 대자본과 경쟁해서 살아남는다는 건 기적에 가까운 일입니다. 결국 누군가는 이런 잘못된 정책을 비판하고, 취약계층의 입장을 대변하며, 이들이 지속적으로 생계를 이어갈 수 있는 방향으로 이끌어가야 합니다. 공익형 일자리는 큰돈이 들어가는 게 아니고 고용 창출과 유지가 가능한 것으로 장기적인 관점에서도 일자리 복지를 확대해야 합니다.

3. 사회적 경제 대안과 과제

예를 들어 전국 18,000개의 민간단체에 한 명씩 공익형 일자리를 제공하면 18,000개 일자리가 생기고, 2명씩 지원하면 36,000개 일자리가 생깁니다. 참여정부 때 있던 공익형 일자리를 부활시키면 민간 일자리는 금세 늘어납니다.

민간 분야는 NGO, 환경, 인권, 청소년, 여성, 장애인, 노인, 문화·체육·종교, 교육, 이주민, 통일 등 풀뿌리 민주주의를 뿌리 내리도록 하는 중요한 분야로 정부는 민간단체 육성법이 있고 또한 육성할 책임이 있으며 못할 이유가 없습니다. 못하는 이유는 중장기적인 철학이 없고, 촛불정권을 창출한 민간단체들에 대한 고민이 적기 때문입니다.

또 다른 대안은 정부가 대자본과 맞설 수 있도록 하드웨어를 구축해주는 것입니다. 대형 마트나 백화점처럼 사회경제 마트나 착한 백화점 공간을 무상으로 제공하고 소프트웨어 지원, 금융 지원, 공공기관 의무 구입 등 대자본과 경쟁할 수 있도록 인센티브를 주는 것이 공정한 경쟁입니다. 덩치도 힘도 천지 차이인 두 선수가 똑같은 조건에서 경쟁하는 건 공정하지 못한 경기입니다.

문재인 정부의 국토교통부(이하 국토부)는 도시재생뉴딜사업비로 연 10조 원, 5년간 50조 원을 씁니다. 낙후된 원도심을 살리는 사업인데 원도심 활성화는 사람들이 상주해야 가능합니다. 노후한 건물 수리나 도시 정비도 필요하지만 일상적으로 소비할 사람들이 상주해야 경제가 활성화합니다. 그 대안으로 17개 지자체 원도심에 사회경제 백화점, NGO 회관, 청년 등 취약계층 창업몰, 민주평화통일회관 등을 마련해 무상 임대할 것을 제안하는 바입니다. 빈 건물 서너 개 구입하는 데 300억 원×17개 지자체 = 5,100억 원입니다. 5년간 50조 원의 1%인 5천억 원만 투자하면 전국 곳곳에 사회경제 백화점이 들어서 사회경제 소상공인들도 백화점이나 대형 마트와 어깨를 견줄 수 있습니다. 착한 소비자들을 원도심으로 유도하는 것입니다.

취약계층 고용 창출이 목적인 노동부 사회적 기업 90%가 폐업하는 이유도 임대료 부담 때문으로, 국토부도 원도심 거리 상가들을 리모델링해 저렴하게 임대한다는 계획입니다. 그러나 큰 건물을 구입해 백화점처럼 경쟁력을 높여줘야 기업들도 살고 소비자도 유입되어 장기적으로 효과성이 높다는 것이 제안의 골자입니다.

NGO 회관이 생겨 100개 이상의 민간단체들이 입주해 임대료 없이 관리비만 납부하면 재정난에 허덕이는 단체들의 숨통이 트입니다. 수많은 상주자, 이용자들의 원도심 소비를 유발합니다. 학생들의 민주시민 교육 여건도 조성됩니다. 전국 민간단체 18,000개에 노동부에서 사회적 일자리까지 한 명씩 지원해도 18,000개 일자리가 생깁니다.

청년 창업몰이 생기면 돈 없는 청년 등 취약계층이 보증금과 임대료 걱정 없이 창업이 가능해지고 정부의 사회적 경제 정책과 연동해 경제활동인구로 편입되어 일자리가 창출됩니다. 청년주택에 정주하므로 원도심 경제 활성화에도 기여합니다.

민주평화통일자문회의는 대통령 직속 자문기관임에도 불구하고 건물 하나가 없습니다. 평화통일은 전 국민의 공감대를 형성해야 하고 상시적인 교육이 이루어져야 하며, 민주, 평화, 통일 민간단체들이 입주해 어려운 단체들의 활동도 보장해줍니다. 통일은 정부나 대통령이 하는 게 아니라 통일의 필요성, 효과성, 긍정성, 통일 후 미래 비전 등 국민들의 충분한 공감이 형성되어야 가능한 것으로 이를 위한 지속적인 교육은 절대적으로 필요합니다.

5년간 50조 원이 도시재생을 위해 어디로 가는지 모르겠지만 1%인 5천억 원만 투자해도 전국 곳곳에 NGO 회관, 평화통일 회관, 사회경제 백화점, 청년 창업몰 건물이 남습니다. 원도심에 비어 있는 큰 건물 몇 개씩만 구입하면 되고 소유권은 국토부든 지자체든 가져가 사라지지 않는 돈입니다.

전국에 NGO 거리가 생깁니다. 민주평화통일 거리가 생깁니다. 청년 거리가 생깁니다. 사회적 경제 상권이 형성되고 일자리가 늘어납니다. 이런 부분에서 KNCC는 현 사회적 경제나 경제 정책에 관심을 두고 대안을 모색해야 진정한 사회적 약자의 권익 향상에 일조하게 될 것입니다. NCC는 청와대 사회수석이나 사회적 경제 비서관, 정부와 여당 등에 지속적인 요구와 정책 개선 제안을 해야 합니다.

또한 NCC 차원의 사회적 경제 중간 조직과 운영도 제안할 수 있습니다. 관 주도의 일본 정책에서 민 주도의 독일 디아코니아 정책으로 변모해야 성공률이 높으며, 결국에는 사회적 약자들의 복지와 계층 이동 사다리도 가능해지는 정책으로 방향을 전환해야 합니다.

09

기독교 통일운동
어떤 방향으로 갈 것인가?

통일은 빨리 되어도 안 되고, 빨리할 수도 없는 문제입니다. 충분한 시간을 갖고 바른 통일을 이루어야 합니다. 남북예멘의 통일과 분단의 반복 과정을 들여다보면 빠른 통일보다 바른 통일이 왜 중요한지 알 수 있습니다.

또한 통일은 정부나 대통령이 하는 것이 아닙니다. 통일의 필요성, 효과성, 방향성을 국민들이 동의해야 합니다. 통일은 결국 국민들이 하는 것으로 관 주도의 통일 과정에 대해 문제를 제기해야 합니다.

현재 평창 동계올림픽부터 민간 통일 단체들이 제안해온 민간 교류협력에 대해 정부는 반대로 일관하고 있습니다. 독일의 통일 과정에서 지대한 역할을 한 민간단체를 생각한다면 한국 기독교는 정부 2중대 노릇을 할 것인지, 민간의 목소리를 정부에 강력하게 요구할 것인지 선택해야 합니다.

통일은 남북한만의 문제가 아니라 유엔, 미국, 중국, 러시아, 일본 등 세계의 이해관계가 얽힌 복잡한 국제적, 외교적, 정치적 문제로서 한국 정부가 어떤 태도를 취하는지도 중요한 부분입니다.

현재 미국과 중국은 무역전쟁 중입니다. 미국은 미국 패권에 도전장을 낸 중국을 향해 1차 무역전쟁, 2차 금융전쟁, 3차 우주전쟁까지 시나리오를 짜놓고 레이건이 금융전, 에너지전, 우주전으로 소련을 붕괴시켰던 것처럼 중국도 붕괴시킬 수 있다고 으름장을 놓고 있습니다.

실제로 트럼프의 슬로건은 레이건의 슬로건을 표방한 것으로 "다시 위대한 아메리카" 모자를 쓰고 다닙니다. 폼페이오가 방북을 취소하자 시진핑은 9·9절 방북을 취소하고 서열 3위를 보냈습니다. 동방경제포럼에서도 시진핑은 한반도 종전-평화협정에서 중국은 빠지고 남·북·미 3자가 하는 게 좋겠다는 폭탄발언까지 하며 미국의 눈치를 보고 있습니다.

전문가들은 미중전쟁에서 미국의 승리를 점칩니다. 많은 근거가 있겠지만 시진핑이 미국과의 맞불전에서 후퇴하는 것은 그가 승산이 없다고 판단했기 때문이라고 보는 것입니다. 결국 미중 무역전쟁에서 미국이 강한 공격을 계속하면 시진핑 권력 자체도 무너질 수 있다는 판단까지 하고 있는 것입니다. 이러한 미중 관계 속에서 한미 공조로 한반도 문제를 해결하는 것이 최상의 방책입니다. 공산화 통일이 아니라면 더더욱 그렇습니다.

그런데 현 정부가 미국과 밀접한 공조를 하고 있을까요? 미국은 한국이 친중친북 정권이 아니냐는 신호를 여러 번 보냈습니다. 북한 석탄 문제도 그렇고, 친바티칸 노선도 그렇고, 이스라엘 대통령 방한 제동도 그렇고, 경의선 철도나 남북 경협도 남한이 앞서나가는 것에 대해 불만을 갖고 있습니다.

경의선 철도 사업을 유엔사가 불허한 이유도 유엔 대북 제재를 위반하는 것이란 입장인데, 북한이 개방화에 나선 이유를 대북 제재의 성과로 보기 때문입니다. 완전한 비핵화까지 2~3년의 시간이 소요되는데 이 기간 중 어떤 변수가 발생할지는 아무도 모릅니다.

현재 외교 협상을 벌이다 교착상태에 빠진 것은 미국의 11월 중간선거 탓도 있지만 비핵화와 대북 제재는 협상 테이블에서 계속 논의될 사안입니다. 비핵화 협상이 진행 중인데 대북 제재를 완화하거나 풀어달라는 한국 입장에 미국이 순순히 응하지는 않을 것입니다. 협상의 여지야 있겠지만 미국은 경의선이나 동해선이나 러시아 시베리아 철도와 중국의 일대일로로 연결되어 북한을 고립시키는 것이 아니라 북한의 숨통을 터주고 경제 지원을 하는 것으로 이해하기에 반대하는 것입니다.

미국은 현재까지 중국의 일대일로에 맞서 중동의 이란, 시리아, 터키, 파키스탄 등 참여국에 압박과 불이익을 주고 있습니다. 실제 이 사업으로 재정 피해를 입은 파키스탄 등이 IMF에 구제금융을 신청했지만 미국의 반대로 무산되었습니다.

남북한 철도 사업도 미국은 이 일대일로의 연장선으로 보기 때문에 반대하는 것이며 한국 정부가 미국과 공조를 하고 있는 건지 의심

하고 있습니다. 그렇다고 군사작전권이 유엔 사령관에게 있는 한국 정부가 유엔과 미국을 배제하고 자주적으로 통일 문제를 푼다는 것은 현실성이 전혀 없는 이야기입니다.

결국 국제 공조를 통해 한반도 문제를 푸는 것이 가장 현실적인 방법이며, 그 속에서 어떤 국익을 챙길 것인지 고민해야 하는데, 현 정부는 어정쩡한 태도로 중국 눈치, 미국 눈치, 북한 눈치를 보고 있는 것 같습니다. 미중 무역전쟁으로 한국은 수출 확대의 기회가 왔습니다. 동맹 관계를 명확히 한다면 그 틈새시장을 통해 얼마든지 수출을 확대해 국익에 보탬이 될 수 있는 상황을 정부는 놓치고 있습니다.

제재 완화와 경제 협력이 한반도 통일 문제에서 시급한 문제일까요? 현 정부가 정권 내에 소기의 성과를 얻기 위해 너무 조급하게 움직이는 것은 아닐까요? 통일은 빨리할 수도 없고, 빨리 되어도 안 됩니다. 한반도의 영구적인 평화와 번영을 위해 국민 공감대를 충분히 이루고 천천히 바른 통일을 향해 가는 것이 여러 돌발 변수들을 줄일 수 있는 길입니다.

그렇다면 기독교는 한반도 평화를 위해 어떤 노력을 해야 할까요?

1. 통일의 대중화를 위한 교육을 요구해야 한다

젊은 세대, 이명박근혜 정부 9년을 겪은 세대들은 통일을 반대하기까지 합니다. 왜 우리 돈, 우리 세금을 들이며 북한과 통일을 해야 하냐고 묻는 세대입니다. 2천조 원의 과도한 통일 비용은 걱정하면서 반대로 과도한 분단 비용은 생각하지 않습니다. 또 7천조 원의 북한

광물 등 통일의 이점과 효과에 대해서도 눈을 감고 있습니다.

이러한 문제들을 개선하기 위해 중장기적인 통일 관점에서 통일 교육을 확대하고 통일 공감대 노력을 요구해야 합니다. 공교육, 평생 시민교육, 공영언론 등 국가기관을 적극 활용한 활발한 통일 대중화 교육을 제안해야 합니다.

2. 평화통일회관을 전국 곳곳에 마련할 것을 제안해야 한다

통일은 정부가 아닌 국민이 하는 것이라는 관점을 널리 주지시키고 통일의 필요성, 효과성, 통일 후 한반도 미래 비전 등을 상시적으로 교육하기 위해서는 국민들이 통일을 논하는 상설 공간이 필요합니다. 이는 청소년뿐 아니라 모든 국민과 소통하고 교육하는 장이요, 민간 통일 단체들과 민관 협력을 이루는 것입니다. 전 국민이 어느 도시에 가든 평통회관이 있다는 사실만 인지해도 통일의 대중화에 크게 기여하게 됩니다.

폐교나 정부 유휴 공간은 얼마든지 있어 따로 돈 들이지 않고 당장 할 수 있는 일입니다. 국토부 도시재생사업 50조 원의 1%인 5천억 원만 써도 전국 곳곳에 금방 평통회관을 마련할 수 있습니다. 결코 어려운 일이 아닙니다.

3. 정부에 세계평화부 신설을 제안해야 한다

평화는 기독교의 주요 어젠다입니다. 한반도 평화뿐 아니라 세계 평화는 민족주의를 넘어서는 성서적 가르침입니다. 인류 역사상 세계적으로 선한 패권이 있었나요? 결국 도덕적 우위를 점하기 위해서는 세계 평화를 한국의 어젠다로 삼아야 합니다. 3·1평화운동이 100주년을 맞습니다. 세계 평화 어젠다는 한국 기독교와 대한민국에 충분한 명분이 있습니다.

한반도 평화에 세계가 무관심합니다. 관심 가질 이유가 없습니다. 그래서 더욱이 세계 평화를 이야기해야 세계도 한반도 평화에 관심을 기울이게 됩니다. 세계 패권에 맞서 기독교는 세계 공생 전략을 이야기해야 합니다.

3 장

✦ 10 ✦

만인 평등의
루터와 독일

매년 10월 31일은 마르틴 루터가 비텐베르크 성당에 95개조 반박문을 붙인 종교개혁 기념일입니다. 루터의 당시 나이는 34세였습니다. 그가 비텐베르크대학교에서 신학 교수로, 성당에서 설교자로 살았던 이 도시의 정식 명칭은 '루터의 도시 비텐베르크'입니다. 이 성당은 현재 루터교회로 종탑 밑에 루터가 지은 찬송가 585장 '내 주는 강한 성이요 방패와 병기 되시니'가 쓰여 있습니다.

베를린에서 60km 떨어진 루터의 도시에는 유네스코에 등록되어 있는 루터 하우스 박물관이 있으며, 그의 무덤도 교회 안에 있어 인구 3만의 작은 도시에 연 30만 명의 전 세계 관광객을 불러 모으고 있습니다.

루터가 주창한 만인은 평등하다는 만인사제론의 영향으로 독일은 대학 등록금이 없는데도 대학 진학률이 40%도 안 되며, 기술강국, 중소강국, 복지사회, 민관 협력의 롤모델 국가가 되었습니다. 루터교가 국교인 북유럽 국가들은 세계 최고의 복지국가들이 되었습니다.

국가가 어떤 철학을 기반으로 하느냐에 따라 그 국가의 형태와 면모가 갖춰진다는 점에서 만인 평등의 루터 철학을 따른 독일과 북유럽 국가들을 면밀히 살펴볼 필요가 있습니다.

✦11✦

아시안게임 주최국 인도네시아,
어떤 나라인가?

Q1. 지금 45억 아시아인들의 축제인 아시안게임이 인도네시아에
서 열리고 있는데, 소식 좀 전해주시죠.

대전외국인복지관의 사례들　　157

A. 네, 인도네시아 수도 자카르타와 인근 지역 팔렘방에서 아시안 게임이 진행 중인데요. 현재 순위는 중국, 일본, 한국이 1~3위이고 이란, 인도네시아, 태국을 지나 7위에 북한이 올라와 있습니다. 이번 아시안게임은 원래 베트남 하노이에서 개최하기로 되어 있었는데 베트남 경제 여건이 좋지 않아 급하게 인도네시아에서 열리게 되었고, 인도네시아에서 열리는 두 번째 아시안 게임입니다.

Q2. 인도네시아와 인도를 혼동하는 분들도 많은 것 같은데요.

A. 아마도 인도네시아와 인도가 이름에서부터 비슷하게 느껴져서 그런 것 같습니다. 인도네시아를 줄여서 인니라고 불러서일 수도 있겠고요. 인도는 인구 14억으로 중국과 비슷한 인구 대국이고, 인도네시아도 미국 다음 4위로 인구가 2억 6천만 명이 넘습니다. 인도는 힌두교가 많고, 인도네시아는 세계 최대 이슬람 국가입니다. 이름은 비슷하지만 엄연히 다른 나라죠. 인니는 세계 최대의 섬을 보유한 나라로 무려 16,000개의 섬이 있고, 필리핀은 7천 개, 한국도 4천 개의 섬이 있습니다. 한국에 잘 알려진 보루네오 가구 아시죠? 바로 인도네시아 보루네오 섬의 목재로 만든 가구입니다.

Q3. 인도네시아가 세계 최대의 섬나라이자 세계 최대의 이슬람 국가군요? 인근 국가들과 비교해서 경제력은 어떻습니까?

A.   인도네시아 경제 규모는 1조 200억 달러로 세계 15위입니다. 참고로 한국은 12위, 1조 5천억 달러의 경제 규모로 인도네시아의 경제력은 결코 떨어지지 않습니다. 인구 대국이기 때문이기도 하고, 그래서 문재인 정부에서 신남방정책을 펼치고 있는데 그 중에 주요한 한 나라입니다. 1인당 GDP는 4천 달러인데 인근 이슬람 국가인 말레이시아가 1만 달러로 더 높고, 태국이 6천 달러, 필리핀이 3천 달러 수준입니다.

Q4. 우리나라와는 경제 협력 부분에서 어떤 관계가 있나요?

A.   외국인 고용허가제에 따라 양국의 노동부가 MOU를 체결해서 우리나라의 부족한 인력을 수급받고 있습니다. 매년 2만 명 이상이 들어오고 있고, 최장 체류 기간은 4년 10개월입니다. 귀국한 노동자들이 한국어를 잘해서 한국의 민간 홍보대사 역할을 하고 있으니 이 또한 긍정적인 부분입니다. 인도네시아는 비행기로 6시간 정도 거리에 있는 가까운 나라이기 때문에 우리와 경제 협력을 하기에 좋은 지리적 요건입니다.

인니도 일본의 지배하에서 우리보다 이틀 후에 해방을 맞은 나라인데, 이후 일본이 아시아에 막대한 해외 간접자본을 투자하고 원조에 나서 인니 시장을 많이 장악하고 있습니다. 문재인 대통령 방문 당시 보도에 의하면 인니 자동차 시장의 91%를 일본 차가 차지하고 있고, 한국 차 점유율은 1%도 안 되었습니다. 그만큼 우리가 인니와 적극적인 협력 관계를 맺지 못했다는 반증입니다.

Q5. 인도네시아도 더운 나라잖아요. 한국에 온 이주노동자들의 생활은 어떻습니까?

A. 네, 인니는 더운 나라라 겨울이 없습니다. 그러다 보니 만만디라고 하잖아요? 날씨 때문에 천천히 느릿느릿할 수밖에 없거든요. 우리처럼 빨리빨리 하다가는 제명에 못 죽습니다. 그래서 인니 노동자들이 한국에 와서 제일 먼저 배우는 말이 '빨리빨리'입니다. 문화가 다르기 때문에 처음에 적응하기 힘든 점이 많은데 한국 사람들은 또 이런 사정을 이해하지 못해서 왜 그리 느리냐고 구박하기도 합니다. 그 나라의 기본적인 특징 정도는 알고 있어야 합니다. 이들은 다 이슬람이기 때문에 돼지고기와 술을 먹지 않는데, 회식할 때 삼겹살에 소주 많이 먹잖아요? 엄청 곤혹스러워합니다. 이런 부분에서 다문화 교육을 좀 더 확대할 필요가 있습니다.

Q6. 아, 그렇군요. 타 문화에 대해 이해하려는 노력이 있으면 그런 곤란한 상황은 생기지 않을 텐데요. 일하고 돌아간 노동자들의 삶은 어떻습니까?

A. 한국에서 모은 돈으로 집을 사거나 짓습니다. 시골의 경우 2천만 원 정도면 좋은 집을 지을 수 있고, 차도 사고 작은 가게를 운영하기도 합니다. 인니 역시 일자리가 많지 않아서 어려움을 겪고

있는 나라 중 하나인데요. 인건비가 저렴해 한국 기업들도 많이 진출해 있기 때문에 이곳 중간 관리자로 근무하는 사람들도 많습니다. 한국어와 인도네시아어 이중언어를 구사하고 한국 문화를 잘 안다는 장점 덕분에 한국 기업들이 선호할 수밖에 없죠. 이런 측면에서 본다면 결국 한국에 와 있는 20개 국가 출신의 노동자들은 자국에 돌아가서도 한국과 인연을 맺고 사는 겁니다. 한국 홍보대사 역할도 하고, 현지 한국 기업에서 일하면서 한국 제품도 사서 쓰는 소비자가 된다는 측면에서 정부는 장기적인 시각으로 이주노동 정책을 펼칠 필요가 있습니다.

Q7. 인도네시아에서도 한국으로 시집을 많이 오나요? 어떻습니까?

A. 그렇지는 않습니다. 이슬람이기 때문에 한국 남성들이 종교가 다르다는 이유로 기피합니다. 그래서 중국 동포들이 많고, 베트남도 많습니다. 여기도 유교, 불교 국가로 종교적인 정서가 한국과 같기 때문이죠. 다음으로 필리핀 국제결혼이 많은데 이것도 종교의 영향인 것 같습니다. 필리핀은 가톨릭 국가라 역시 정서적으로 통하는 부분이 있고, 또 영어권이기 때문에 자녀 교육까지 고려한 면이 있다고 보입니다. 인도네시아에서 시집온 여성들도 있지만 많은 편은 아닙니다.

Q8. 가까운 나라 인도네시아가 이번 아시안게임을 통해 좀 더 친근한 나라가 되었으면 좋겠군요.

A. 맞습니다. 우리나라는 이슬람에 대해 잘 모르는 부분이 있어 오해하고 편견을 갖는 경우가 많은데, 그런 면에서 타 문화에 대한 이해도를 높일 필요가 있습니다. 아시아는 45억 인구로 70억 세계 인구의 3분에 2가 사는 가장 큰 대륙입니다. 또한 서남아시아, 중동 등 최대 이슬람권이기도 합니다. 우리와 가까운 나라들이기에 수출과 무역, 외교와 통상, 교육·체육·문화 등 다양한 교류와 협력을 통해 상생하는 전략을 구사해야 합니다. 그 중심에 한국을 경험한 유학생, 이주노동자, 다문화 가정을 적극적으로 활용하는 정책도 필요합니다.

12

카자흐스탄과 우즈베키스탄의
고려인 이야기

러시아와 중앙아시아에 고려인 55만 명 거주

우즈베키스탄 20만, 러시아 19만, 카자흐스탄 10만 등 160년 전 연해주-블라디보스토크로 피난 간 난민들의 후손이 여전히 그곳에 살고 있습니다. 이들 후손들은 현지 국적으로 살아가지만 밥과 김치를 먹고, 한민족-소수민족으로 살아가고 있습니다.

후손들은 그곳에서 살아야 하니 러시아어와 현지어를 구사하지만 한국어는 잘 모릅니다. 자금이 없어 고려인 학교들이 대부분 문을 닫았고 한국 정부의 지원도 점점 줄었기 때문입니다. 이들이 한국어 교육까지 받았다면 얼마나 좋았을까요? 현지어, 러시아어, 한국어를 구사하면서 양국 간 가교 역할을 더 잘 감당할 수 있었을 텐데 말입니다.

국내 다문화 자녀들의 특화 교육을 위한 다문화 공립학교와 이중언어 교육이 필요한 이유이기도 합니다. 중앙아시아에 고려인 학교, 국내에 다문화 학교는 사실 큰돈이 들어가는 것도 아닙니다. 멀리 보고 넓게 보면 다 국익에 보탬이 되고 큰 부가가치를 창출하는 일입니다.

순간의 선택이 10년을 좌우한다는 광고 문구가 있었습니다. 지금이라도 늦지 않았으니 투자해야 합니다. 그래서 고려인 후손들도 돕고 드넓은 중앙아시아와 더 친밀한 협력 관계를 구축해야 합니다. 다문화 자녀들의 특성화 교육으로 동아시아와 우호 협력 관계를 맺어나가는 장기적인 안목을 갖는 것이 국익에도 보탬이 됩니다. 이런 컨트롤 타워 역할로 세계평화부 신설이 필요합니다.

의병장 후손 피겨 스타 데니스 정, 카자흐스탄 출신 전설의 러시아 록가수 빅토르 최, 고려인 후손 장차관 국회의원들도 있습니다. 카자흐스탄 78세 대통령은 1991년 구소련에서 독립 후 2018년까지 27년째 장기 집권 중이며, 우즈베키스탄 카리모프 대통령은 1991년부터 2016년 서거까지 25년간 집권했고 현 대통령은 13년간 총리로 일했습니다.

우즈베키스탄에 고려인 20만이 살고 있다

중앙아시아에 고려인 55만이 살고 있고, 그중 20만이 우즈베키스탄에 있습니다. 가장 많은 숫자입니다. 수도 타슈켄트를 지나 실크로드의 정점 사마르칸트 위에 지자크라는 도시가 있습니다. 대전의 금속 공장에서 일하고 돌아간 발레리라는 친구의 집을 찾아갔습니다. 원래는 러시아인인데 우즈베키스탄에 살고 있습니다. 한상 가득 차려 대접을 해주고, 저를 동네 고려인의 집으로 데려갔습니다. 같은 민족이라고 소개를 해준 것 같습니다. 이 고려인 친구들은 저보다 나이가 몇 살 아래였는데, 생김새는 한국인이지만 한국말을 못해 발레리가 러시아어, 우즈베크어, 한국어로 통역을 했습니다.

한국에서 온 손님이라고 포도주와 쇠고기 감자볶음, 빵과 사탕, 차를 대접해주었습니다. 우즈베키스탄에서는 집집마다 포도를 재배해 포도주를 담가 먹습니다. 일조량이 좋아 포도 당도가 높고 맛있습니다. 내용물이 없는 딱딱한 빵이 주식이고, 차도 즐겨 마십니다. 이슬람이라 돼지고기는 안 먹고, 쇠고기는 싸지만 양고기는 비쌉니다.

사진의 오른쪽이 블라디미르라는 고려인 친구로, 기상청을 다니는데 월급이 적어 살기가 힘들다고 했습니다. 당시 20만 원이 안 되

었습니다. 한국으로 일하러 가려면 현지 공무원들에게 급행료 수백만 원을 주어야 했는데, 빚을 내서라도 한국에 오라고 신신당부했습니다. 한국에 오기만 하면 그보다 많이 벌 수 있으니까요.

그리고 다음 해에 이 친구가 대전에 왔습니다. 한 손에 제 명함을 들고 다른 한 손에는 우즈베키스탄 보드카 한 병을 들고 빚내서 왔다고 했습니다. 대전에 와서 몇 년간 돈도 벌고 한국어도 공부하고 가깝게 지내다가 돌아갔습니다. 우즈베키스탄의 순수한 친구들이 많이 보고 싶습니다.

3 장

13

한-아세안 10개국
특별정상회의가 아쉬운 대목

2019년, 청와대 다문화 특보 신설이 필요한 이유 깨달아야

한-아세안 10개국 특별정상회의가 25~27일 3일간 부산에서 열리고 있습니다. 현 정부가 추진하는 신남방정책의 성과를 내기 위한 인도차이나반도 5개국 메콩정상회의를 끝으로 폐막하는 대규모 국제 행사로, 외교부가 주도하고 있습니다. 11개국 1만 명의 정상과 관료, 기업인들이 참여해 아세안 협력과 동반 성장을 모색합니다.

문제는 국내 거주 250만 외국인과의 협력, 100만 이주노동자와의 협력, 10개국 출신 100만 유학생과의 협력, 다문화 가족과의 협력은 모색하지 않는다는 것입니다. 노동부는 아세안 10개국에서 해마다 약 20만 명의 이주노동자를 합법적으로 공급받고 있으며, 이들은 최장 4년 10개월의 취업비자로 국내 3D 업종에 종사합니다. 한국어와 한국 문화를 체득하고 귀국해 자국에 진출해 있는 한국 기업의 중간 관리자로 채용되고, 한국 제품의 소비자가 되며, 한국의 홍보대사로서 양국을 위해 중차대한 역할을 하는 산업 역군이자 문화 역군임에도 불구하고 이들과의 교류와 협력 또는 이들이 한국 정부에 제안하고 싶은 각종 아이디어나 정책 등에 대해 들을 수 있는 창구조차 마련하지 않았습니다.

또한 자국으로 귀국한 수많은 유학생과 노동자들의 고견을 청취하는 시간도 마련하지 않았습니다. 10개국 정상들을 초대하고도 이들 10개국 출신 유학생, 결혼이주여성, 이주노동자들을 초청해 정상들이 격려하는 행사도 역시 준비하지 않았습니다.

또한 한류가 시작된 아세안 10개국에 한국문화원이나 세종학당 등 한류 문화 확산을 위한 고부가가치의 정책이나 예산이 반영되지 않아 일회성 행사에 그칠 수밖에 없는 한계도 드러났습니다.

유학생, 결혼이주여성, 이주노동자, 해외 공관 등 한국을 경험하고 한국어를 구사할 수 있는 이들이 진정 한국의 우방이요 동반자입니다. 그런데도 아세안 평화와 번영, 교류와 협력, 사람을 모토로 하는 한-아세안 10개국 정상회의에 정작 한국을 잘 아는 사람들은 빠져 있다는 점을 청와대와 외교부, 노동부 등 정부 당국자들은 직시해야 합니다.

이러한 디테일 부족도 그렇고, 결국 청와대에 다문화 특보를 신설해 국내 거주 250만 외국인과 해외 750만 교포들과의 융복합 전략 및 중장기 다문화 정책 수립 등의 한-아세안 동반 성장에 이들이 가교 역할을 할 정책을 추진하지 않는 한 그 어떤 대단한 행사도 일회성으로 끝나고, 성과를 최대치로 끌어올릴 수도 없다는 점 또한 인식해야 합니다.

한-아세안의 교류와 협력, 동반 성장에 대한 더 큰 그림을 그려 야 서로 윈윈할 수 있으며, 그 중심에 사람, 바로 한국을 경험하고 한 국을 이해하고 한국어를 구사하는 한국 거주 경험의 외국인들을 적 극 활용하는 전략을 모색해야 합니다. 바로 그 주인공들이 빠져 있는 한-아세안 정상회의가 아쉬운 대목입니다.

✦14✦

다문화 학생들의
교육권 대안

다문화 가정 자녀들의 경우 약 50%가 미취학으로 연령이 낮고, 영유아들과 유치원을 다니는 저연령층이 많지만 앞으로 계속 취학 연령에 편입되기 때문에 학생 수는 증가하고 있습니다. 40%가 초등학교에 다니고 중고등학생은 적은 전형적인 피라미드형입니다.

그런데 이들 다문화 자녀들은 언어 발달이 늦은 편이라 학교에서 어려움을 겪고 있습니다. 외국 출신 엄마들이 한국어에 익숙지 않다 보니 자녀들도 언어 발달이 늦고 학업 부진으로까지 이어지는 경우가 많기 때문입니다.

게다가 한국어에는 한자가 많아서 외국인이 한자까지 이해할 정도가 되려면 상당한 수준의 실력이 필요해 쉽지 않은 일입니다. 그러다 보니 자녀들과 대화할 때 의사소통이 잘 안 되고 숙제를 도와주는 것도 어려움이 있어 내국인 자녀들에 비해 학업이 부진할 수밖에 없습니다.

이런 부분을 학교에서 보완해주지 못하니 자연히 학교에 가기 싫어지고, 공교육 탈락률이 한국 아이들에 비해 두 배 이상 높은 상황이 벌어지고 있습니다. 다문화 가정 80% 정도가 경제적으로 어려운 취약계층으로 사교육에 쓸 돈도 부족합니다.

요즘 아이들은 대부분 학교가 끝나도 피아노나 태권도, 미술 학원 등에 다니는데 다문화 가성 자녀들의 경우 그렇지 못하다 보니 교육 불평등은 더욱 커질 수밖에 없습니다. 학교에서 외국인 자녀라고 놀리거나 집단 따돌림을 당하는 경우도 많아 학업 부진에 심적 고통까지 이중고를 겪고 있습니다.

가수 싸이의 '강남 스타일' 뮤직 비디오에 출연해 유명해진 리틀싸이 군은 엄마가 베트남 출신이라는 사실이 알려지면서 학교 아이들이 베트남으로 가라고 놀려 스트레스를 많이 받았다고 합니다. 이렇게 유명한 학생도 차별에 시달리는 것이 안타깝지만 지금의 현실입니다.

그렇다면 이들 교육권과 관련해 어떤 대안들이 있을까요? 우선 공교육에서 다문화 교육을 강화해야 합니다. 다문화 자녀들뿐 아니라 내국인 자녀들도 다문화 교육을 통해 모든 인간을 존중하고 평등하게 대해야 한다는 기본 교육이 강화되어야 합니다.

교사들 역시 사대나 교대에서 다문화 교육을 받지 않은 상황이라 이에 대한 보충 교육을 지속적으로 진행해야 합니다. 입학 전 예비 학교와 방과 후 멘토링 제도도 적극 활용해야 합니다. 교육은 국민의

4대 의무 중 하나인데 초등학교부터 이들이 탈락하게 되면 사회적으로도 큰 문제가 발생할 수 있어 공교육 정착률을 높이는 다각적인 노력이 필요합니다.

2013년 인천시 교육청은 이러한 문제들을 극복하기 위해 전국 최초로 다문화 공립학교를 신설했습니다. 약 200명 규모의 초등, 중등, 고등 교육 14개 학급을 갖춘 전국형 공립학교인데, 공립학교와 대안학교는 차이가 있습니다. 보통은 학교에 적응하지 못하면 대안학교에 가면 되지 않느냐고 생각하는 사람들이 많은데, 대안학교는 사립으로 학비가 많이 들어갑니다. 경제적으로 어려운 다문화 가정에서 대안학교에 보내는 것은 거의 불가능합니다. 공립학교는 공교육 기관으로 교육청에서 운영하는 학교입니다. 검정고시를 보지 않고 중학교, 고등학교로 진학하는 제도로 대안학교와 차이가 있습니다.

공교육에서 탈락한 학생들을 그대로 방치할 수는 없습니다. 또한 경제적인 문제로 대안학교도 가지 못한다면 이들의 교육권은 박탈되고 맙니다. 그래서 교육 안전망 확보 차원에서 공립학교 신설이 전국적으로 필요한데, 돈이 너무 많이 들어간다는 의견도 많습니다. 학교 하나 세우는 데 300억 원 가까이 필요하니 그런 지적도 일리가 있지만 저출산 문제로 전국에 폐교가 남아돌고 있습니다. 원도심의 경우 학생 수가 적은 소학교들이 많습니다. 이런 폐교나 소학교를 활용한다면 예산 절감 효과는 물론이고, 공교육에서 탈락한 다문화 자녀들의 교육권도 확보할 수 있다는 점에서 지차체와 교육청이 나서야 합니다. 대전에도 폐교가 4개나 있고, 원도심은 대부분 소학교입니다.

다문화 학생들도 우리의 앞날을 책임질 미래 세대인데 일찍부터 학교에서 탈락된다면 국가적으로도 큰 손실입니다. 다문화 자녀들은 글로벌 시대에 맞는 강점이 있습니다. 바로 이중언어인데, 엄마 나라 언어를 어려서부터 습득해 한국어와 외국어를 구사하게 되면 국가적으로도 많은 언어권 인재들을 확보하게 되는 것입니다. 외고나 외대의 경우 영어, 중국어, 러시아어, 스페인어, 독일어, 불어 정도인데 다문화 자녀들은 출신 국가가 많다는 장점이 있습니다.

몽골, 베트남, 태국, 캄보디아, 우즈베키스탄, 인도네시아, 네팔, 필리핀 등 다양한 언어권으로 이중언어를 구사할 수 있는 친구들이 바로 다문화 자녀들이라는 점에서 이들의 특성과 강점을 살려주는 공교육과 공립학교에 대해 교육 관계자들의 더 많은 관심이 필요한 시점입니다.

✦15✦

글로벌 + 로컬
= 글로컬 교육감을 바란다

외국인 주민이 250만 명을 넘어 500만 명을 향하고 있습니다.

1. 다문화 공립학교 신설

폐교를 활용해 공교육에서 탈락한 자녀들을 위한 교육 안전망을 확보해야 합니다. 이중언어 교육을 중심으로 한 국제언어학교라 명명해도 좋을 듯합니다. 외고에서 가르치지 않는 언어에 관심이 있는 일반 학생들도 입학할 수 있게 하고, 중도 입국 학생들에게 한국어 등 맞춤형 학습 적응 능력을 키워줄 수도 있습니다.

다문화에 관심 있는 교원들은 순환근무 없이 전문성을 살리도록 해야 합니다. 이중언어 강사로 다문화 주부들의 일자리를 창출할 수도 있습니다. 결혼이주여성 등 외국인 주민들에게도 학교를 개방해 한국어 교육 등을 진행하면 큰 도움이 될 것입니다.

외국인복지관 부설 다문화 어린이도서관

2. 다문화 박물관 신설

다문화 공립학교에 다문화 박물관을 세울 수도 있고, 원도심 유휴 공간을 활용해도 됩니다. 박물관은 아시아존, 유럽존, 아프리카존, 오세아니아존 등 세계를 공부하고 체험할 수 있도록 구성합니다. 많은 교육기관들이 이곳을 탐방함으로써 학생들은 물론이고 온 국민을 대상으로 글로벌 교육 효과를 올릴 수 있습니다.

타 지역에서 수학여행 등 교육 탐방을 오면 인구 유입 효과도 있습니다. 저소득 가정의 학생들도 간접적으로 세계 문화를 탐방할 수 있어 교육의 기회 또한 균등해집니다. 이주여성들이 안내자로 채용되면 일자리도 창출됩니다.

3. 친환경을 넘어 글로벌 급식으로

다양한 메뉴로 자라나는 미래 세대들의 입맛을 글로벌하게 맞춰

주어야 합니다. 다양한 세계 음식을 메뉴화함으로써 글로벌 교육에
도 일조하게 됩니다. 중요한 것은 기존 예산 그대로도 글로벌 급식이
가능하다는 점입니다.

4. 민족을 넘어 세계시민 교육

외국인 주민이 200만 명을 넘어 500만 명을 향하고 있습니다. 세
계시민 교육을 확대해 언제든지 세계에 파견할 수 있는 인재들을 육
성해야 합니다. 융복합 교육을 실시하면 다문화 시너지 효과를 높일
수 있고, 각 학교마다 학생들의 출신 국가와 친밀한 국제 교류를 활
성화할 수 있습니다.

5. 다문화 거리 조성

지자체와 협력해 다문화 거리를 조성하면 모두가 참여할 수 있는
다문화 체험장으로 활용 가능합니다. 원도심에 조성하면 원도심 활
성화에도 이바지합니다. 다양한 국가의 음식점과 상점들을 배치해
다문화 가족 일자리 창출을 도모합니다.

다문화 박물관과 연계해 볼거리, 먹거리, 체험거리의 교육 공간으
로 활용하면 타 지역에서 탐방이나 수학여행을 오면서 인구 유입 효
과를 볼 수 있습니다.

6. 다문화가 경쟁력이다

세계화 시대, 세계화 교육의 중심이 영어인 시대는 지났습니다. 유

입된 다문화 가족들과 융합하면 내국인들도 세계시민 교육의 시너지 효과를 낼 수 있습니다. 언제든 세계 어느 곳이든 투입 가능한 인재들을 양성할 수 있습니다. 국제화 시대에 걸맞은 외교통상 등에 적합한 인재들을 육성할 수 있습니다. 글로벌 + 로컬 = 글로컬형 인재를 육성할 수 있습니다. 다문화 축제를 개최해 가까운 지구촌을 일상화해야 합니다.

✦16✦

글로컬 다문화 공립학교,
지구촌 박물관 왜 필요한가?

김봉구 대전외국인복지관 관장

[서론]

한국 경제는 수출 60%, 내수 40%, 1년 수출액은 800조 원으로 2022년 정부 예산 600조 원보다 많으며, 수출이 경제 성장률과 일자리 창출에 기여한다는 건 경제 상식입니다. 그래서 한국은 수출로 먹고사는 나라라고 말합니다.

2022년 5월 미국 바이든 대통령이 짧은 방한 중 첫 일정으로 삼성 반도체 평택 공장을 방문했으며 현대차, SK 회장과 반도체, 전기차, 배터리 등 미래 첨단산업 분야의 한미 경제 동맹을 공고히 하는 행보에서도 볼 수 있듯이 전 세계의 정상들은 경제 동맹을 통한 동반 성장을 추구해오고 있습니다.

그런데 한국은 전 세계 자살률 1위요, 2006년부터 2020년까지 380조 2천억 원에 달하는 예산과 3천 개가 넘는 관련 정책 과제를 실행했으나 합계 출산율은 2018년에 사상 처음 한 명 미만으로 떨어졌습니다. 최하위의 출산율과 초고령화, 인구절벽 등 내수 시장은 점점 줄어들고, 수출 주도형은 여전히 유효한 경제 상황에서 과연 무역 일꾼 양성 인프라가 잘 구축되어 있는지 의문입니다.

경제, 무역, 산업, 통상, 외교 등 관련 학과들은 있는데 한국과 무역 20위권인 나라들 중에서 그 절반인 베트남, 사우디아라비아, 인노, 말레이시아, 인도네시아, 멕시코, 태국, 네덜란드, 필리핀, 이탈리아 언어를 가르치는 학교가 있나요? 외고나 외대에 일부 학과가 있다지만 전 세계에서 들어온 250만 이주외국인들의 자녀들이 희망하는 이중언어 교육이나 다양한 국가의 언어를 배우길 희망하는 내국인 자녀들이 쉽게 외국어를 배울 수 있는 공교육 인프라는 부족한 상황입니다.

[본론]

Ⅰ. 글로컬 다문화 공립학교 신설 필요성과 효과성

1. 전국 다문화 학생 현황

▲ 전국 다문화 학생 수(전체 대비 비율)

(2015) 82,536명(1.4%) → (2018) 122,212명 → (2021) 160,056명 (3.0%)

→ (2022) 168,645명, 전년 대비 8,587명(5.4%↑) 증가

2022년 전국 다문화 학생 수

(단위: 명)

초등학교	**111,640**	84,241	5,087	22,312
중학교	**39,714**	29,940	2,874	6,900
고등학교	**16,744**	11,614	1,784	3,346
각종 학교	**547**	234	193	120
합계	168,645	126,029	9,938	32,678

출처: 한국교육개발원

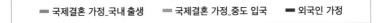

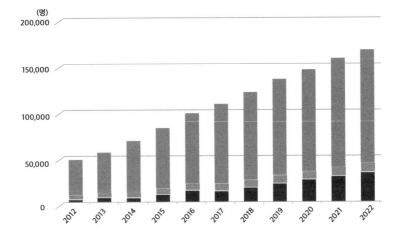

3 장

2. 대전시 다문화 학생 현황

▲ 대전시 다문화 학생 수(전체 대비 비율)

(2015) 1,668명(0.73%) → (2016) 2,012명

→ (2021) 3.303명(2.06%)

대전시 다문화 학생 현황

(2016. 4. 1. 기준, 단위: 명)

구분	국제결혼 자녀		외국인 가정 자녀	합계
	국내 출생	중도 입국		
초등학교	1,361(134교)	79(37교)	138(36교)	1,578(138교)
중학교	200(62교)	23(16교)	36(15교)	259(66교)
고등학교	141(42교)	10(9교)	24(13교)	175(48교)
합계	1,561(238교)	102(62교)	174(64교)	1,837(252교)

대전시 구별 다문화 학생 분포 현황

(단위: 명)

구분	대덕구	동구	중구	서구	유성구	합계
초등학교	299	341	280	355	303	1,578
중학교	35	50	41	62	71	259
고등학교	12	29	58	36	40	175
합계	334	391	321	417	374	1,837

출처: 대전시 교육청

다문화 학생 현황

✦ 학교급별 현황

(2021. 4. 1. 기준, 단위: 명)

구분	국제결혼 자녀		외국인 가정 자녀	합계
	국내 출생	중도 입국		
초등학교	2,134	94	186	2,414
중학교	566	48	29	643
고등학교	205	29	11	245
각종 학교	0	1	0	1
합계	2,905	172	226	3,303

✦ 지역별 현황

(단위: 명)

구분	대덕구	동구	중구	서구	유성구	합계
초등학교	449	477	429	571	488	2,414
중학교	115	137	120	137	134	643
고등학교	26	60	67	45	47	245
각종 학교	0	0	0	1	0	1
합계	590	674	616	753	669	3,303

✦ 국가별 현황

(단위: 명)

구분	일본	중국	중국(한국계)	대만	몽골	필리핀	베트남	태국	인도네시아	중앙아시아	미국	러시아	유럽	아프리카	오세아니아	기타	캄보디아	러시아및중앙	중동	합계
국내 출생	120	505	108	15	50	443	1,128	42	22	68	40	56	25	9	0	57	201	14	2	2,905
국제결혼(중도입국)	16	36	16	3	6	18	36	9	1	2	14	0	6	0	0	7	1	1	0	172
외국인 가정	2	47	10	8	39	3	24	0	9	8	10	8	6	6	0	28	1	3	14	226
합계	138	588	134	26	95	464	1,188	51	32	78	64	64	37	15	0	92	203	18	16	3,303

3. 글로컬 다문화 공립학교의 필요성

내국인 자녀들에 비해 높은 중도 탈락률을 보이고 있는 다문화 가정 자녀들의 경우 공교육 안전망이 없어 사교육으로 떠밀려 나가고 있으나 경제 형편상 제대로 사교육을 받기도 어려운 상황입니다. 국민으로서 당연히 받아야 할 교육의 권리를 보장받지 못하는 것은 향후 사회 문제로 대두할 수 있으며, 더 큰 사회적 비용이 발생할 수 있다는 점을 주목해야 합니다.

다음의 2015년 통계에 의하면 내국인 자녀에 비해 다문화 자녀들의 초·중·고·대학 취학률이 모두 떨어지는 것을 확인할 수 있으며, 2022년 현재 역시 상황이 다르지 않다는 것을 예측할 수 있습니다.

2015년 전국 다문화 가구 자녀의 학교급별 취학률

(단위: 명, %)

구분	다문화 가구 자녀				국민 전체 취학률 (%)	차이 (%)
	취학 적령 인구A (명)	총 취학아동B (명)	해당 연령대 취학아동C (명)	NER (C/A) (%)		
고등교육 기관	580	401	309	53.3	68.1	-14.8
고등학교	1,203	1,163	1,082	89.9	93.5	-3.6
중학교	1,744	1,702	1,631	93.5	96.3	-2.8
초등학교	5,762	5,699	5,622	97.6	98.5	-0.9

다문화 학생들이 중도 탈락하는 이유를 요약하면 이렇습니다.

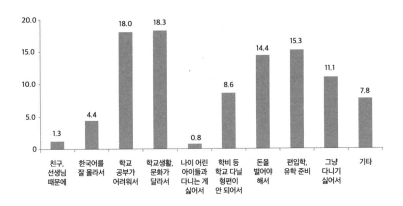

1. 학교생활, 문화가 달라서

2. 학교 공부가 어려워서

3. 편입학, 유학 준비

4. 돈을 벌어야 해서

5. 그냥 다니기 싫어서

6. 학비 등 학교 다닐 형편이 안 되어서

7. 한국어를 잘 몰라서

　5년간(2014~2018) 다문화 학생의 학업 중단율 추이를 살펴보면 다음 그림과 같습니다. 2018년도 전체 학생의 학업 중단율은 0.87%인 데 비해 다문화 학생의 학업 중단율은 중학교 1.34%, 고등학교 1.91%로 두 배 이상 높습니다.

다문화 학생의 학업 중단율 변화 추이

(비율, %)

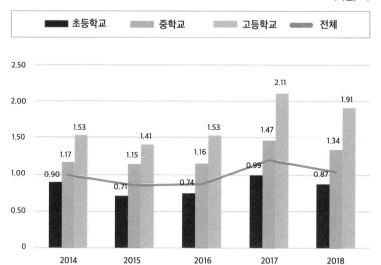

출처: '다문화 교육포털'의 '국내 다문화 학생 학업 중단율 현황'을 그래프로 재구성

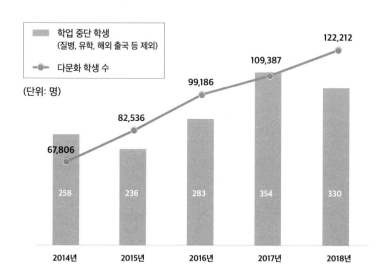

또한 세계화에 걸맞은 다양한 세계 외국어 교육이 턱없이 부족한 상황으로, 이 수요자들을 전부 개인이 알아서 충족하게 하거나 사교육으로 내모는 것이 바람직한지도 살펴봐야 합니다.

현재 재한외국인이 250만 명이며, 현 정부에 이민청 신설 계획이 있습니다. 결국 이민국가로의 전환을 전망하며, 그 인원이 500만 명을 상회할 것으로 예상할 때 글로컬학교 같은 다문화 공립학교 인프라 구축은 결코 등한시할 일이 아닙니다.

II. 한누리학교와 글로컬 다문화 공립학교의 차이

1. 다문화 대안공립학교인 인천 한누리학교 소개

인천시 교육청은 2010년 11월에 계획, 2013년 3월에 국내 최초로 다문화 대안공립학교인 한누리학교를 설립했습니다. 예산 280억 원에 초중고 14개 학급, 학급당 15명으로 정원은 210명이며, 정규 학교에 적응하지 못하거나 탈락한 다문화 자녀와 중도 입국자들에게 이중언어와 한국어 교육 등을 진행하고 있습니다.

그러나 이들의 특성을 살리기보다는 한국인화, 한국인으로 동화시키는 데 더 중점을 두고 있는 교육 프로그램은 아쉬운 일입니다. 글로컬 공립학교 또는 세계언어학교 등 학교명은 다양한 의견 수렴이 필요하겠으나 교육 목적은 한국인화, 동화 교육보다는 글로컬 인재와 세계시민 육성에 중점을 두고 공교육과 차별성을 두어야 하며, 이들의 특성을 살리는 맞춤형 교육 프로그램을 진행하는 것이 바람직합니다. 왜냐하면 공교육 탈락자들에게 동일한 공교육을 실시한다

전국 최초의 초·중·고 통합 기숙형
공립 다문화학교
인천한누리학교

- ● 본교 교육목표 ● -

꿈과 끼를 키우는 글로벌 인재 육성

다름을 넘어 세계를 품는

| 생각하고 실천하는
창 의 인
교육목표 1
창의인 | 글로벌 소양을 갖춘
세 계 인
교육목표 2
세계인 | 바른 인성을 갖춘
예 절 인
교육목표 3
예절인 | 심신이 조화로운
건 강 인
교육목표 4
건강인 |

실 · 천 · 과 · 제

일반학교 진입을 돕는 적응 교육	스스로 꿈을 키우는 글로벌 인재 교육	행복한 삶을 가꾸는 마음 성장 교육	건강한 삶을 가꾸는 체력 향상 교육
다문화 학생 특성에 맞춘 기본 교육과정 재구성 다문화 학생 특성에 맞춘 특성화 교육과정 편성·운영 한국어 중심의 기본 교육과정 운영	융합체험 중심의 창의적 체험활동 꿈을 이루기 위한 진학·진로 교육 모국어 유지 및 다중언어 교육	상처를 다스리고 마음을 치유하는 힐링 교육 가족의 관계를 회복하는 상담활동 학생 스스로 만드는 학교폭력 없는 학교	스포츠 활동을 통한 기초체력 향상 자신의 몸을 안전하게 지키는 건강 교육 심신의 균형 있는 발달을 돕는 문화 예술 교육

학교 특색 교육활동	노력 중점 교육활동
바른 인성과 체력을 다지는 태권도 교육	언어와 마음이 통하는 한국어 교육

출처: 한누리학교 홈페이지

는 것은 모순이기 때문입니다.

2. 대안학교와 공립학교의 차이

대안학교는 사교육으로 학력 인증이 안 되기 때문에 사교육비가 추가로 지출되어야 하며, 검정고시를 통과해야 상위 학교 진학이 가능하기에 취약계층 다문화 가정의 학생들을 사교육으로 내모는 것이 바람직하지 않을뿐더러 경제적 부담으로 사교육조차 받지 못할 경우까지 생각한다면 공교육 탈락자들까지 공교육 범위 안에서 안전망을 갖출 필요가 있습니다.

결국 일반 공교육 탈락자들은 다문화 대안공립학교로 연계해야 하며 사교육 시장으로 내몰아서는 안 됩니다. 이들의 강점인 이중언어 교육 등 기존 공교육과 차별성 있는 다문화 교육을 진행할 필요가 있습니다.

3. 폐교를 활용한 저예산 신설

1) 인천시 교육청은 2013년 280억 원을 들여 기숙형 다문화 공립학교를 설립했으나 문제는 인천 지역 외에 전국을 대상으로 학교와 기숙사를 설치했다는 것입니다. 초중고 어린 학생들이 집을 떠나 인천까지 유학을 가는 것이고, 가족 간의 유대감 형성이 필요한 시기에 홀로 멀리 떨어져 생활하는 것도 교육적으로 긍정적이지 못합니다.

국내 최초의 다문화 대안공립학교인 인천 한누리학교 홈페이지에 나와 있는 학생 현황을 보더라도 225명 정원에 104명 재교로 정원의

학생 현황(2022년 4월 11일 기준, 단위: 명)

✦ 학년별 현황

학교급	초등디딤돌	초등학교						중학교					고등학교			총계
학년		1	2	3	4	5	6	1-1	1-2	2	3-1	3-2	1	2	3	
모집 학생 수	15	15	15	15	15	15	15	15	15	15	15	15	15	15	15	225
현 학생 수	(13)	6	15	7	9	8	8	5	4	16	7	6	7	3	3	104

✦ 국적별 학생 현황

구분	러시아	리비아	몽골	미얀마	베트남	브라질	아프가니스탄	예멘	요르단	우즈베키스탄	이집트	인도네시아	중국	카자흐스탄	타지키스탄	태국	파키스탄	필리핀	캄보디아	시리아	우크라이나	가나	합계 (22개국)
학생 수	14	6	2	2	5	1	6	3	2	9	4	1	12	12	-	5	5	4	2	3	2	3	103

✦ 거주지별 현황

지역	인천	경기	서울	합계
학생 수	94	9	1	104

절반도 채우지 못하는 것 역시 처음부터 전국을 대상으로 다문화 학생을 모집하겠다는 패착 때문이었고, 기숙형 학교다 보니 예산이 많이 소요될 수밖에 없었습니다. 타 지역에서 인천까지 유학을 가기에는 가족 관계를 생각할 때 현실적으로 쉽지 않아 서울, 경기 학생 10명에 불과하다는 점에서 인천시 교육청이 야심차게 준비했지만 다양한 의견 수렴 과정을 거치지 못한 것이 아닌가 하는 아쉬움이 남습니다.

2) 저예산 지역형 다문화 공립학교를 위해서는 폐교나 소규모 학교를 활용하는 방안이 있습니다. 대전도 원도심 공동화, 저출산 영향 등으로 원도심에 소규모 학교들이 있고 세 곳의 폐교도 있어 이 시설들을 활용한다면 신축이 아니더라도 저예산으로 추진할 수 있는 방법은 얼마든지 있으며, 시간이 단축되는 것도 큰 장점이라 할 수 있습니다.

3) 현재 대전시 교육청이 진행하고 있는 공교육의 다문화 교육이 충분하다고 주장한다면 할 말이 없지만 내국인 자녀들에 비해 높은 공교육 탈락률을 보이고 있는 다문화 학생들을 공교육 안전망에서 보호하지 못하고 있는 것은 부인할 수 없는 사실입니다. 이들의 강점을 살리는 이중언어 교육 등 공교육과 차별성 있는 교육을 책임질 곳이 반드시 필요합니다. 한누리학교를 벤치마킹해 다문화 가족과 다문화 학생들, 다양한 전문가들의 의견 수렴 등을 통한 저예산 고효율의 합리적인 교육 안전망을 구축해야 합니다.

4) 정경희 의원실에 따르면 2022년 17개 시도 교육청의 교부금 적립 누적액이 20조 5,641억 원에 달할 것으로 전망되었습니다. 학령인구가 줄어 돈 쓸 곳이 없어 은행에 쌓아두고 있는 것입니다. 재정이 없어서 다문화 공립학교를 신설하지 못하는 것이 아닙니다. 평균을 잡아도 각 교육청에 1조 원이 넘는 돈이 쓸 곳이 없어 은행에 쌓여 있는 것이 현실입니다. 인천시 교육청은 한누리학교를 신설했기에 인천을 제외한 16개 시도 교육청에 다문화 공립학교를 신설할 재정이

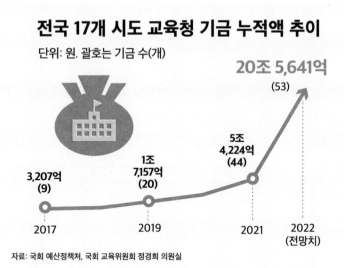

전국 17개 시도 교육청 기금 누적액 추이

단위: 원. 괄호는 기금 수(개)

20조 5,641억
(53)

5조
4,224억
(44)

1조
7,157억
(20)

3,207억
(9)

2017   2019   2021   2022
(전망치)

자료: 국회 예산정책처, 국회 교육위원회 정경희 의원실

충분이 있습니다. 기숙형이 아니라면 신설 예산을 절반으로 줄일 수 있습니다. 그런데도 추진하지 못하는 이유는 여론 형성이 부족하거나, 교육 당국이 필요성을 인지하지 못하거나 혹은 이런 다문화 교육 정책에 대한 관심과 의지가 부족한 것이 아닐까요? 돈이 없어서 못하는 것은 분명히 아닙니다.

4. 한누리학교와의 차별성

1) 한누리학교처럼 다문화 학생들만 입학하는 것이 아니라 내국인 자녀들 가운데 외국어나 다문화에 관심 있는 학생들에게도 개방해 기회를 준다면 더할 나위 없이 좋은 결과를 얻을 것입니다. 글로벌 시대에 맞게 일찍부터 글로벌 감수성을 키울 수 있고, 조기 외국

어 습득이 필요한 학생들에게 교육 선택권을 준다는 점에서 이점이 더 많습니다.

2) 대전에 다문화 공립학교를 설치한다면 다문화 학생들이 일반 학교와 다문화 학교 가운데 어디를 선택할까요? 일단은 선택의 폭이 확대되므로 공교육이든 다문화 학교든 당사자인 다문화 가족들이 스스로 결정할 수 있다는 장점이 있으며, 공교육 탈락자들은 이 다문화 학교를 통해 공교육 안전망을 확보하게 됩니다.

3) 내국인 자녀에게도 문호를 개방한다면 일찍부터 외국어 실력과 다문화 감수성을 키울 수 있는 장점이 있기에 그들에게도 역시 일반 학교와 다문화 학교 중 교육 선택권을 준다는 점에서 의미가 있습니다. 현재 외국인학교나 국제학교는 영어만 사용해 한계가 있고, 사교육으로 교육비가 비싸 사실상 다문화 학생들의 접근이 차단되어 있습니다. 저소득 내국인 학생 역시 마찬가지라 다문화 공립학교는 새로운 대안으로 자리매김하기에 충분합니다.

4) 다문화 공립학교 교육은 제3세계 언어권 이중언어 집중 교육 덕분에 고등학교 졸업 시 통번역이 가능한 수준으로 다양한 취업과 연계할 수 있으며, 폴리텍과 협력해 직업훈련 교육도 병행할 수 있습니다.
 - 이중언어 교육 강사로 결혼이주여성 취업을 확대할 수 있으며, 다

문화와 글로벌 감수성을 높일 수 있습니다.

- 공립학교 교원은 순환보직이 아닌 중장기 근무로 전문성을 높이고 일반 교원과도 차별성을 두며, 이를 위한 인센티브제 도입이 필요합니다.
- 글로벌 급식 제공 등 일반 학교와 차별성을 둘 수 있습니다.
- 다문화 가정의 미취학 자녀도 염두에 둔 다문화 유치원, 다문화 어린이집도 설치해 다문화 공립학교와 연계해야 하며, 공교육 밖의 다문화 민간단체들과도 협력할 필요가 있습니다.

5. 글로컬 다문화 공립학교의 효과성

글로컬 다문화 공립학교가 신설되면 얻을 수 있는 효과는 다양합니다.

1) 250만 재한외국인 자녀들의 교육 선택권이 넓어집니다.

2) Glocalization = globalization + localization, 즉 Glocal 인재 양성이 가능해집니다.

3) 개별 특성과 장점을 최대화하는 세계시민 교육입니다.

4) 국제 언어를 활용할 수 있는 인재를 많이 확보해 국가 경쟁력을 높입니다.

5) 공교육 탈락자들을 사교육 대안학교로 내모는 것이 아니라 공립학교 교육 안전망 안에서 보호합니다.

6) 한국어 동화 교육이 아닌 양국 이중언어 교육으로 다문화 인재

를 육성합니다.

7) 초중고 통합 글로컬 다문화 공립학교는 전 세계를 일찍부터 공부하고 싶어 하는 내외국인 자녀 모두에게 개방함으로써 외고, 과학고, 민사고, 국제학교와 다른 브랜드화가 가능합니다.

8) 전 세계를 무대로 전문 취업의 길을 확대할 수 있습니다.

출처: 대전이주외국인종합복지관 홈페이지

Ⅲ. 지구촌 박물관 왜 필요한가?

교육받을 권리 보장과 다문화 세계시민 교육

1) 다문화 공립학교에 다문화 박물관을 세울 수도 있고, 소규모 학교나 폐교, 원도심 유휴 공간을 활용해도 됩니다. 박물관은 아시아존, 유럽존, 아프리카존, 오세아니아존 등 세계를 공부하고 체험할 수 있도록 구성합니다. 많은 교육기관들이 이곳을 탐방함으로써 학생들과 시민들을 대상으로 글로벌 교육 효과를 올릴 수 있습니다. 타 지역에서 수학여행 등 교육 탐방을 오면 인구 유입 효과도 있습니다. 저소득 가정의 학생들도 간접적으로 세계 문화를 탐방할 수 있어 교육의 기회 또한 균등해지며 국민의 글로벌 감수성도 향상됩니다. 이주여성들이 안내자로 채용되면 일자리도 창출됩니다.

2) 해마다 대전에서 인도네시아 축제, 베트남 축제, 몽골 축제, 필리핀 축제처럼 한 나라만 테마로 축제를 열어도 전국에서 모두 모여듭니다. 예를 들어 필리핀 축제를 개최하고 필리핀의 유명 가수와 연예인, 예술인들을 초청하면 국내 거주 필리핀 사람들은 거의 다 옵니다. 필리핀 대사관과 이주민들은 다양한 부스를 운영해 직접 필리핀의 다양한 문화를 소개하며 즐겁게 참여할 수 있고, 그 외 외국인이나 내국인들은 축제 때마다 다양한 나라의 문화를 체험하고 공부하며 글로벌 감수성을 키우게 됩니다.

행사 주체 국가만 참여하는 것이 아니라 전 세계에서 온 국내 250만 이주민을 대상으로 하는 세계 다문화 축제로서 다양한 국가 부스와 부대 행사를 선보일 수 있어 많은 외국인들이 대전을 해마다 방문하는 성과를 낼 수 있으며, 여기서 대전을 경험하고 자국으로 돌아간 외국인들과는 지속적인 관계망을 유지할 수 있습니다. 예산은 문광부 지역 축제 보조금에서 확보할 수 있으며, 외국인들은 축제의 장을, 내국인들은 글로벌 감수성 향상의 기회를, 대전시는 대전 방문의 효과를 당장 누릴 수 있는 일입니다.

대전 관광 상품과 연계하고 1박 2일 체류형 축제라면 더욱 좋습니다. 5년, 10년 하다 보면 대한민국의 대표적인 세계인 축제로 자리매김할 수 있습니다. 대전시-교육청-문광부만 연계해도 저비용 고효율의 세계인 다문화 축제를 당장 개최할 수 있습니다. 폐교나 유휴 공간을 활용한 지구촌 박물관 같은 시설의 견학도 좋고, 체험 숙박이 가능한 세계체험학습장과 세계 다문화 거리를 조성하면 수학여행과 외국인 인구 유입으로 지역경제와 시 재정에도 보탬이 될 것입니다.

[결론]

4천 명의 국민들을 대상으로 다문화 교육 유무를 묻는 설문조사를 실시한 결과 다문화 교육을 받은 분포는 5.5%에 지나지 않았습니다. 94.5%는 다문화 교육을 접하지 않았다는 결과로, 인식 개선을 위한 공교육의 다문화 교육 확대와 정부 차원의 다양한 홍보 노력이 필요합니다.

이주외국인들이 정부에 내는 연간 세금, 수수료, 과태료 등은 2조 원에 가까운 반면 다문화 예산은 연 3천억 원 수준으로 역차별 주장

구분		2015년			
		사례 수(명)	예(%)	아니오(%)	전체(%)
전체		4,000	5.5	94.5	100
성별	남성	2,006	5.1	94.9	100
	여성	1,994	5.9	94.1	100
연령대별	20대	777	12.4	87.6	100
	30대	825	5.2	94.8	100
	40대	906	5.2	94.8	100
	50대	831	2.2	97.8	100
	60세 이상	661	2.2	97.8	100

은 거짓이며 가짜 뉴스입니다. 이들은 세금을 축내는 것이 아니라 오히려 매년 2조 원을 정부에 보태고 있습니다. 이주외국인 250만 명의 다문화 예산 3천억 원은 2016년 모 지자체 7만 취약계층 2,500억 원과 비슷한 수준입니다. 중앙정부 모 취약계층 270만의 1조 4천억 원과 비교하면 턱없이 부족한 예산으로, 250만 이주외국인에게 걷은 2조 원의 절반이라도 이들의 인권과 복지를 위해 사용해야 합니다.

이주노동자들이 국내 일자리를 빼앗는다는 주장 역시 허위 사실로, 이들은 300인 이하 중소영세제조업체와 농축어임업 분야 등 인력난을 호소하고 내국인들이 기피하는 3D 블루 직종에만 종사하도록 법으로 정해져 있습니다. 노동부가 16개 송출국과 MOU를 체결해 참여정부 때부터 한국 정부가 필요 인력을 공급받고 있으며, 법무부 등 관계부처에서 엄격하게 관리하고 있습니다.

불법체류자라는 말도 편견을 조장합니다. 그보다는 미등록노동자, 초과체류자라는 용어를 사용해야 합니다. 불체율의 대부분은 정부 간 무비자 협정에서 비롯되는 것인데 외국인노동자들이 다 뒤집어쓰고 있는 것도 문제로, 교육기관이나 관계부처는 사실관계를 명확히 하려는 노력이 필요합니다.

이주외국인들은 4대 보험도 의무입니다. 건강보험공단의 자료에 따르면 2017~2021년 고용허가제 비자로 입국한 외국인노동자의 건강보험 재정수지 흑자는 1조 8,014억 원에 달하며, 2021년 전체 외국인 건강보험 흑자는 5,125억 원으로 이들의 건보 먹튀 뉴스 역시 가짜입니다.

외국인 차별이나 혐오를 극복하기 위해서는 어릴 때부터 차별과 편견을 없애고 모든 인간은 평등하며 가치 있는 존재라는 사실과 인류애, 세계는 하나라는 세계주의, 다문화 교육이 강화되어야 합니다. 정부 차원에서도 잘못된 내용들은 사실관계를 그때그때 바로잡고 시정하는 다양한 노력을 해야 합니다. 언론에서도 잘못된 내용을 시정해 오해의 확대 재생산을 막고, 사회적 위화감을 조성하거나 사회 통합을 방해하는 요소들을 바로잡아야 합니다.

다문화 시대! 다문화 공립학교, 지구촌 박물관, 세계 다문화 축제 등 지역에서 충분히 논의할 필요가 있으며, 여전히 존재하는 이주민 사각지대 해소와 다문화 인식 개선을 위한 각계각층의 세밀한 노력이 필요한 때입니다.

대한민국 다문화 정책 어젠다

초판 1쇄 발행 2023년 4월 30일

지 은 이   김봉구
펴 낸 이   한승수
펴 낸 곳   온스토리

편   집   박부연
디 자 인   박소윤
마 케 팅   박건원, 김홍주

등록번호   제2013-000037호
등록일자   2013년 2월 5일
주   소   서울특별시 마포구 동교로 27길 53, 309호
전   화   02 338 0084
팩   스   02 338 0087
메   일   hvline@naver.com

I S B N   978-89-98934-53-8 03330